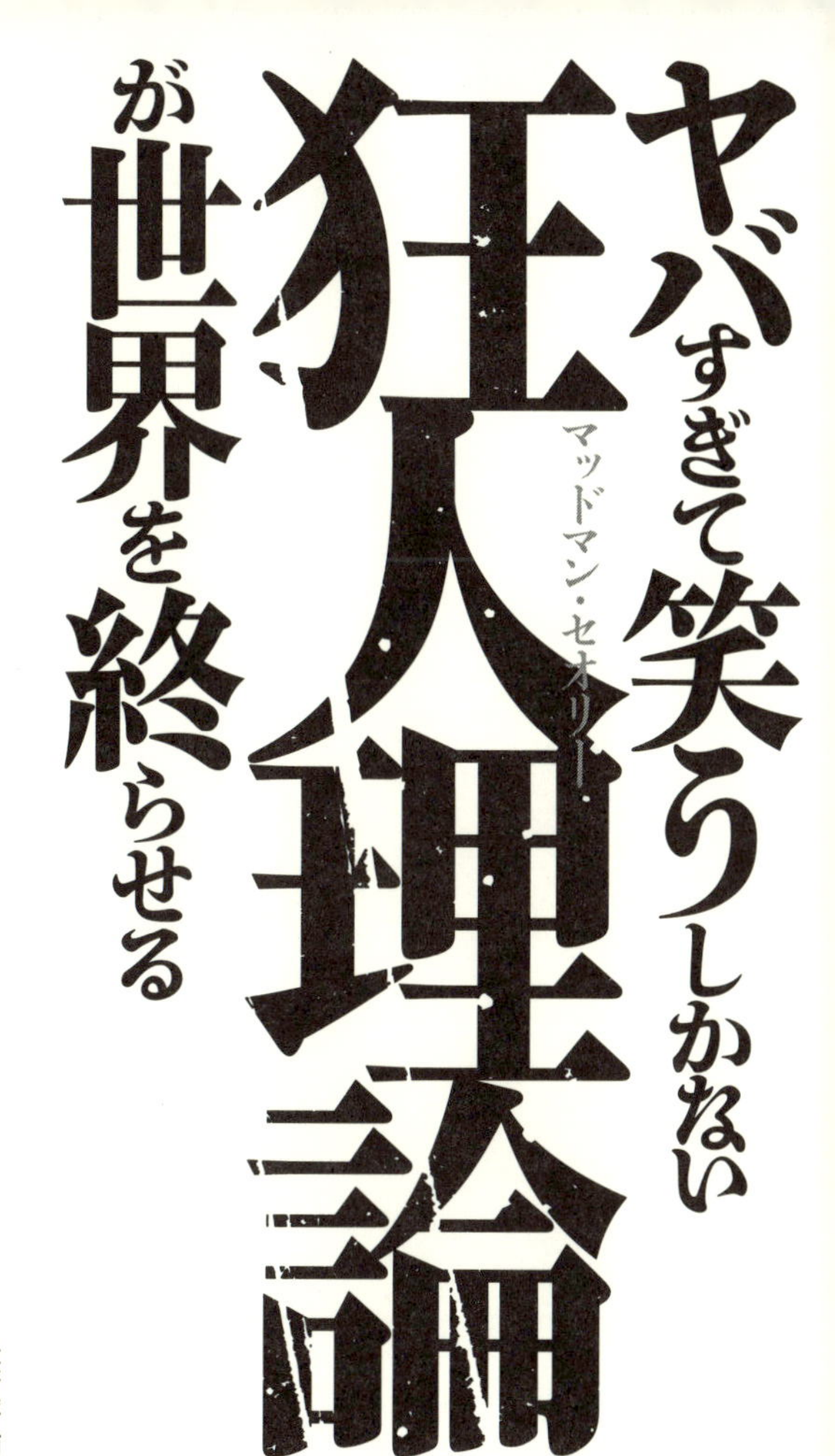

経済評論家
渡邉哲也

産経新聞　政治部専門委員
野口裕之

ビジネス社

マッドマン・セオリー＝狂人理論とは

情報戦において「核戦争も辞さぬ狂人」を装い、敵国の譲歩を引き出す瀬戸際戦略。

まえがき 戦後日本の平和は〝奇跡〟にすぎない

人が複数いれば、必ず対立する。それは国家も同様である。対立した場合、それを解決する必要が出てくる。話し合いや調停がその最たるものであるが、それでも解決しない場合、武力事態が発生する。ある意味、「戦争」というのは紛争の最終的な解決手段でもあるわけだ。そして、その前段階である話し合いや調停も、それぞれがもつ力によりバランスする。力のあるものが交渉を有利に進めることができ、力のないものはそれに従う形になるわけだ。これは個人や小規模の集団であっても、国家でも同じであり、なんら変わらぬものである。

そのうえで、日本を見た場合、日本は戦後70年余り、アメリカの核の傘により守られ、日米安全保障条約により、アメリカの武力を背景とした安全保障構造のなかで平和を享受してきたわけである。また、自国防衛だけを目的とした自衛隊がそれを補強してきた。本質的には自国の防衛を他国に依存するのは望ましくない。しかし、地球規模での移動が可能になり、それが迅速化した現代において、1国だけでの防衛は非現実的であり、コスト的にも負担しきれないものになっている。だからこそ、価値観を共にする国が連携し、同盟を結ぶ集団安全保障体制の重要性が大きくなっているわけである。

大規模な戦争が勃発すると、価値観が近い国同士の連携が強まり、軍事的同盟関係が強化される。そして、勝敗が決すると和平と監視のための機関が生まれる。第1次世界大戦後の国際連盟や第2次世界大戦後の国際連合がその典型といえる。しかし、このような和平組織も時間とともに陳腐化、弱体化し、価値観の違いや利害対立を抑えきれなくなってくる。東西冷戦下の国際連合がその典型といえる。西側諸国は西側だけを集めた軍事組織であるNATO（北大西洋条約機構）を結成、西側首脳国の意思決定機関であるG5（のちのG7）を構築した。

そして、この東西の冷戦構造は40年近く続くことになったわけであるが、対立軸であった共産主義、社会主義の経済実験が失敗に終わったことで、これは終焉（しゅうえん）することになったのであった。そして、世界はひとつにまとまるかのように思われたが、それも幻想であり、２００７年のサブプライム問題、さらに２００８年のリーマンショックによるアメリカ経済の弱体化と中国、ロシアを代表とする旧東側諸国の勃興により、再び対立がはじまった。２０１４年のロシアのウクライナ侵攻と中国の南シナ海への進出で、周辺国が脅威にさらされ、世界は分断と同盟強化の方向に動き出したのであった。

　このような大きな歴史の流れのなかで、取り残されたのが朝鮮半島であり、韓国と北朝鮮であったともいえる。自由主義社会のショーケースであった韓国　冷戦時代は西側の成功例として賛美され、日米などの積極的な支援により国家を発展させてきた。〝漢江(ハンガン)の奇跡〟がその代表格であるが、その発展は日本からの莫大な額の経済協力でなりたっていたわけである。しかし、冷戦終結とともにその価値が低下し、日米とともに韓国の自立を求めるとともにその支援を縮小していった。そして、韓国独自の経済運営の結果として、１９９７年の東アジア通貨危機が発生した。

　起亜(キア)自動車の倒産を切っ掛けに経済不安が拡大、海外からの借り入れに依存する経済構造が仇(あだ)になり通貨危機が発生、国家破綻(はたん)寸前の状態にまで追い込まれたのであった。IMFによる介入により破綻は逃れたものの、ほとんどの財閥が破綻し解体され、銀行も外資の手に落ちていったわけである。これにより韓国の中小零細企業もほとんど破綻し、財閥でなければ人あらずといわれる格差社会が誕生したのであった。そして、これは韓国内での左派運動の拡大の大きな原動力になっているわけだ。

もう一方の国である北朝鮮は支援国家であったソビエトが1991年崩壊し、中国もその関与の度合いを薄めていった。しかし、中国、ロシア、38度線に三方を囲まれる地政学的構図のなかで、自立したくとも自立できない状況だけが継続し、どんどん窮乏化していったわけである。そこで金正日(キム・ジョンイル)総書記は、高付加価値商品である武器や偽札に手を出すとともに、核開発を利用した恫喝(どうかつ)により国際社会から支援を得る瀬戸際外交を繰り広げたのである。これに対して、アメリカおよび国際社会は、問題の先送りを選択し、金融制裁を強めたものの強硬な軍事的対応を避け続けてきた。そして、金正恩(キム・ジョンウン)朝鮮労働党委員長に政権が変わり、北朝鮮はミサイルと核開発を加速化させ、国際社会への脅威の度合いを強めているわけである。

それに対して、日本は70年余りの平和状態により、拉致（らち）問題など本来戦争になってもおかしくない状況のなかで、平和ボケが蔓延（まんえん）し、危機や安全保障に対して非常に脆弱（ぜいじゃく）な状況が継続している。尖閣（せんかく）問題により危機を覚えた国民が増えはじめてはいるものの、周囲を海という天然の要塞（ようさい）に囲まれた島国という地政学的歴史的要因もあり、リスクを直視できていない人がまだまだ多いのが実情である。また、メディアの多くが世界の現実を知らせず、そのリスクの存在すら認識していない人が存在する状況である。盲目的に平和という言葉を信じ、憲法９条を唱えれば、平和が訪れると信じている人までいる始末である。

「汝（なんじ）平和を欲さば、戦（いくさ）への備えをせよ」（Si Vis Pacem, Para Bellum）４世紀頃のローマ帝国の軍事学者で、『軍事論』の著者ウェゲティウスの格言である。そして、「平和主義者が戦争を起こす」これは英国の名宰相チャーチルの言葉である。平和は天から与えられるものではなく、自らが強く求めるものであり、そこには不断の努力が必要なのである。歴史は繰り返す、愚者は経験に学び、賢者は歴史に学ぶ。いま、再び世界はきな臭くなっている。戦後約70年、幸いなことに日本は平和な状態を保ってきた。これは素晴らしいことであるし、ある意味、奇跡に近いことであったのだと思う。歴史に学べば、平和というのは戦争と戦争の間の状態を示す言葉であり、ひと時の現象にすぎない。

本書は、産経新聞の軍事分析の専門家である野口裕之氏とともに「平和」について深く考え、平和を維持するために日本はそして日本人は何をなすべきかを語ったものである。皆様の平和に対する理解を深めるきっかけになれば幸いである。

渡邉　哲也

ヤバすぎて笑うしかない狂人理論(マッドマン・セオリー)が世界を終らせる

もくじ

第1章　「デッド・ライン」越え目前の米朝対立

第2章　お笑い朝鮮半島――韓国が平昌（ピョンチャン）オリンピックを開けない理由

第3章　暴走する北朝鮮の黒幕は中国かロシアか

第4章　この期に及んで反・安保法制に熱中するメディア

最終章　半島有事、そのとき日本ができること

第1章

「デッド・ライン」越え目前の米朝対立

北朝鮮はなぜ挑発行為をするのか？

渡邉　北朝鮮は今年（2017年）に入ってからだけでも14回弾道ミサイルを発射し、アメリカの圧力を受けながらも、9月3日には6回目の核実験を強行しています。日本人の素朴な疑問として、北朝鮮は何故、核・ミサイル開発を続けるのか？　ということがあります。

野口　金正恩（キム・ジョンウン）は、「核武装、ミサイル武装は親父の遺言だ」と言っている。しかし私は、それは権威づけのための方便だと思います。

父である金正日（キム・ジョンイル）、もしくは祖父の金日成（キム・イルソン）の場合は、武力をちらつかせるのは脅しの手段だった。「核・ミサイルを配備するぞ、配備するぞ」と言いながら、段階的に配備しつつ、一方では食糧・エネルギーや金銭的な支援を受けようとする。現に米朝枠組み合意（1994年）でも日本は10億ドル、韓国は32億ドル、アメリカは50万トンもの重油を供給する約束までしました。軍事転用しにくい軽水炉型原発の建設のためでした。

そういう意味で、金日成と金正日は、核やミサイルをちらつかせながら経済支援を引き出すことに成功したわけですが、彼らと3代目の金正恩が決定的に違うのは、「本当に撃つ」

という姿勢を示していることです。そして、本当に撃ちかねない。

現在の北朝鮮は、経済政策の恒常的な失敗で、通常兵器はかなり古くてお粗末。朝鮮戦争時代の兵器まであるくらいですから。通常兵器を増強するには、経済的に追いつかない。このままだと、韓国軍に比べ、どんどんレベルが下がり、差が開いてしまう。それなら、核・ミサイル開発に取り組んだほうが、手っ取り早い――ということですね。

それを、アメリカとの取引材料に使うわけです。アメリカを交渉のテーブルにつかせて、北朝鮮とアメリカの間で平和条約を結んで、政権維持をはかっていこう、というのが究極的な目的です。これによって、自らの政権の存続も盤石になるわけです。

北朝鮮にとって、韓国は交渉相手ではありません。日本ももちろん交渉相手ではない。北朝鮮の目は、アメリカにしか向いていません。それが、北朝鮮が、核・ミサイル開発に驀進（ばくしん）する理由といってよいでしょう。

渡邉　結局、北朝鮮は、経済的発展がこれ以上期待できない。国際社会からも隔離されている。そういう状況のなかで、どのように国家を維持するか――というよりも、金正恩体制を維持するためには、アメリカに攻撃されない、アメリカが攻撃できない体制が必要です。いわゆる相互大量破壊兵器による抑止力防衛――核や大量破壊兵器を双方がもつことによって使えなくなるという抑止力防衛以外に、アメリカおよび韓国からの侵略を防ぐ手段がないのでしょうね。

本音では誰も欲しくない北朝鮮

渡邉　韓国が実際に北朝鮮を軍事的に侵略しようと考えているかというと、考えていないと思います。韓国は建前上、「統一、統一」と言っていますが、実際には「2500万人の飢えた民などいらない」というのが本音でしょう。これは、中国やロシアも同じで、両国が、北朝鮮への厳しい経済制裁に対して一貫して躊躇するのは、金正恩体制が崩壊することによって、結果的に一種の牢獄から囚人が解き放たれることになるからです。現状では金正恩体制があるがために、2500万人の飢えた民が北朝鮮の国外に出てこなくてすんでいる。金正恩体制が崩壊してしまうと、陸つながりである中国やロシアにとっても、非常に大きなダメージとなるわけです。もちろん韓国にしても、2500万人の飢えた民をかかえるだけの経済力はありません。

一時、こんな話がありました。もし北の体制が崩壊した場合、中国も、ロシアもともに、南北朝鮮の国境である38度線を壊しにいくのではないか、と。

なぜかというと、38度線の中立地帯の地雷を全部撤去して、安全な状況にしてしまえば、飢えた民は完全に韓国側に流れ込む。韓国側に流れ込ませることによって、自国を守ろうということですね。

ですから、韓国も北朝鮮を併合しようと思えば、できないわけはないのですが、自分の国が貧しくなるからそれはしたくない。また、逆に北朝鮮側の立場でいうと、もし、北朝鮮が韓国を併合する場合――ゆるやかな連立制でもなんでもいいのですが――体制にとって一番邪魔になるのは韓国人です。

「人権」とか「自由」を与えられた韓国人が、北朝鮮の体制のなかに入っていって、「蠟燭デモ」(2008年に韓国で行われた米国産牛肉輸入再開反対に端を発した一連のデモ。日没後におこなわれ、参加者は蠟燭に火を点して集まったことからそう呼ばれる)などされたらどうするんだ、と。むろん、これはブラックジョークですが。

しかし、もし北朝鮮が韓国を併合したら、実際に韓国人は人権を叫ぶでしょう。いま、国内がせっかく将軍様体制である意味安定しているというのに、この支配構造が完全に壊れてしまいます。北朝鮮にとっては「民主主義」というのは、最後まで敵ですから。

そのように考えると、「誰もいらない」というのが北朝鮮の置かれた現状です。このままでは、どんどん没落するだけで、それを阻止するためには、ビジネスにより海外から物資を得ていかなくてはならない、外貨を獲得しなくてはならない。そこで、他国を恐喝するという短絡的な外交手段に飛びつくわけです。そういう、恐喝外交、乞食外交がずっと繰り広げられてきたわけですが、これもついに破綻に至った。それが、金正恩体制です。

この状況を打破するためには、「核保有国」としてアメリカと直接対峙することによって、より強硬な恐喝体制をつくり、アメリカと平和条約を結び、周辺国を効率的に脅すのが金正恩のビジョンなのでしょうね。

相互確証破壊が効かない朝鮮半島

野口　先ほど、渡邉さんがふれられた相互確証破壊（確証破壊能力を米ソが互いに保有することにより、核戦争を抑止しようとする概念）についてですが、私は、朝鮮半島では相互確証破壊は効き目がないと思っています。

冷戦期に、安定・不安定逆説というものがあって、相互核抑止で安定すれば、現状打破を試みる側は、核戦争に発展することを以前ほど恐れなくなる、というセオリーがあるのです。低烈度から中烈度――つまり、小競り合い程度の戦闘行為にはかえって介入しやすくなる、という説がある。

現に、2010年3月に韓国海軍の哨戒艦天安が北朝鮮の魚雷により撃沈された天安沈没事件、同年11月の延坪島(ヨンピョンド)砲撃事件、それから2015年夏の内陸部の砲撃戦などは、この安定・不安定逆説の傍証になるでしょう。

したがって、北朝鮮がICBMの実験、発射、あるいは核実験をすればするほど、北朝鮮の韓国に対する侵略のハードルは、下がるのです。核をバックにしている——ということで、韓国にチョッカイを出しやすくなる。そして、いままでにチョッカイを出されたときに、撃ち返したケースもありますけれど、韓国軍は天安のケースでは事実上何にもしなかった。だから今後韓国軍はますます、軍事的チョッカイを出されても何もできないという立場に追い込まれていくでしょう。朝鮮人民軍の対韓攻撃の規模はますます大きくなっていくと私は思います。

NPT（核兵器不拡散条約）体制で、国際社会は核の拡散を許していません。では、パキスタンはどうなんだ、と最近よく議論になりますが、やはり私は、もたせたのはあやまちだと思います。北朝鮮がいまのような状況になる前は、核を発射し合う危険性がいちばん高いのが、インドとパキスタンといわれていました。

しかしながらパキスタンの場合には、相互確証破壊に基づく抑止はしっかりとはたらいています。印パ両国はブレーキが効いている。ところが、北朝鮮の場合は、相互確証破壊の恐怖は効いていない。北朝鮮には、いざとなれば、自らの国が滅びても核・ミサイルを発射する、という恐ろしい結末も充分予想される。発射したら、もう終わりなのですが。

ただ、北朝鮮にもいろいろな選択肢がある。たとえば電磁パルス（ＥＭＰ）攻撃（高層大気圏において核爆発させることにより、強力な電磁パルスを発生させ、広範囲での電力インフラストラクチャーや通信、情報機器の機能停止を狙う）などもそうです。

朝鮮労働党機関紙・労働新聞が電磁パルス攻撃を完遂できると強調しています。韓国の公共放送であるＫＢＳは「自動車などの交通手段や金融機関や病院、通信施設など、全基幹施設が停止したり、誤作動を起こしたりして、事実上『石器時代に戻る』」という専門家の声を紹介し、大変恐れている。もっとも石器時代に戻るのは北朝鮮のほうかもしれないと私は思っていますが、その理由はあとで述べます。

また、ＥＭＰ攻撃は、まだ実戦で使われたためしがありませんので、これに対して反撃できるのか、国際法上の明確な規定がないという法的な問題があります。

サイバー攻撃も同じです。それから、北朝鮮には、軽歩兵を含めると10万人という特殊作戦部隊、そして工作員がいます。こうした人たちが、核をもって騒擾を起こす可能性も充分ある。自分が死ぬ気になれば、核物質をどこかに置けばいいだけですから。また、自分が天然痘に罹患して、潜伏期間のうちに移動すれば、それだけで充分な生物兵器になる。北朝鮮の場合は、いろいろな大量破壊兵器の使い道があるのです。

私は、そういう意味でも、相互確証破壊というのは、北朝鮮にはまったく有効でない、と思います。

レッド・ラインとデッド・ライン

野口　私はこれまで「レッド・ライン」と「デッド・ライン」と分けて考え、書いてもきましたが、その違いを解説したいと思います。

「越えてはならない一線」が「レッド・ライン」で、「外交による解決が武力行使に転換する最後通牒」が「デッド・ライン」です。トランプ政権は、国際社会に対し「誠実に段階を踏んだ」軌跡を刻んでおく証拠が必要で、北朝鮮のレッド・ライン越えの後、もう一度、中国に「執行猶予」を与える。

アメリカのレッド・ラインを中国が感じてなお、漏れなき徹底的経済制裁に全力で取り組まなければ、アメリカはいよいよ自衛権発動の最終基準となるデッド・ラインを定める。ただし、レッド・ライン同様、デッド・ラインも明示的に公言はしない。というより線引きができないんですね。後述するようにデッド・ラインを決断する最大要素が「時間」であるためです。それではまずレッド・ラインから具体的に説明します。

レッド・ラインは、北朝鮮のミサイルの推進力が問題となります。北朝鮮の核・ミサイルがアメリカ本土に届くエンジンの推進力をもった時がレッド・ラインです。よく、ミサイルの命中精度を問題にする人がいますが関係ありません。要するにアメリカ大陸まで届くことが重要で、ピンポイントに軍事拠点を攻撃するわけではないのです。また、核弾頭の小型化をレッド・ラインという専門家もいますが、それなら北朝鮮はすでにある程度成功しています。

推進力さえあれば、核弾頭は多少小型化されていれば充分なのです。したがって問題視するべきは、推進力です。

渡邉　ネバダ砂漠に落ちては意味がないかもしれませんが、アメリカまで届けばどこでも構わないというのが、北朝鮮の目論見でしょうね。

野口　推進力の次に問題視するべきは、大気圏再突入のための技術です。これもいまの北朝鮮では、ある程度完成している。それにもし、この技術がなくても、ＥＭＰ攻撃は可能ですから。ＥＭＰ攻撃には、必ずしも大気圏再突入の技術はいりません。30キロから400キロくらいの大気圏外を含む上空で爆発させればいいわけです。

問題視するべきは、推進力と、大気圏再突入の技術、これがレッド・ラインです。ただし、アメリカはレッド・ラインを超えてもしばらく静観するでしょう。

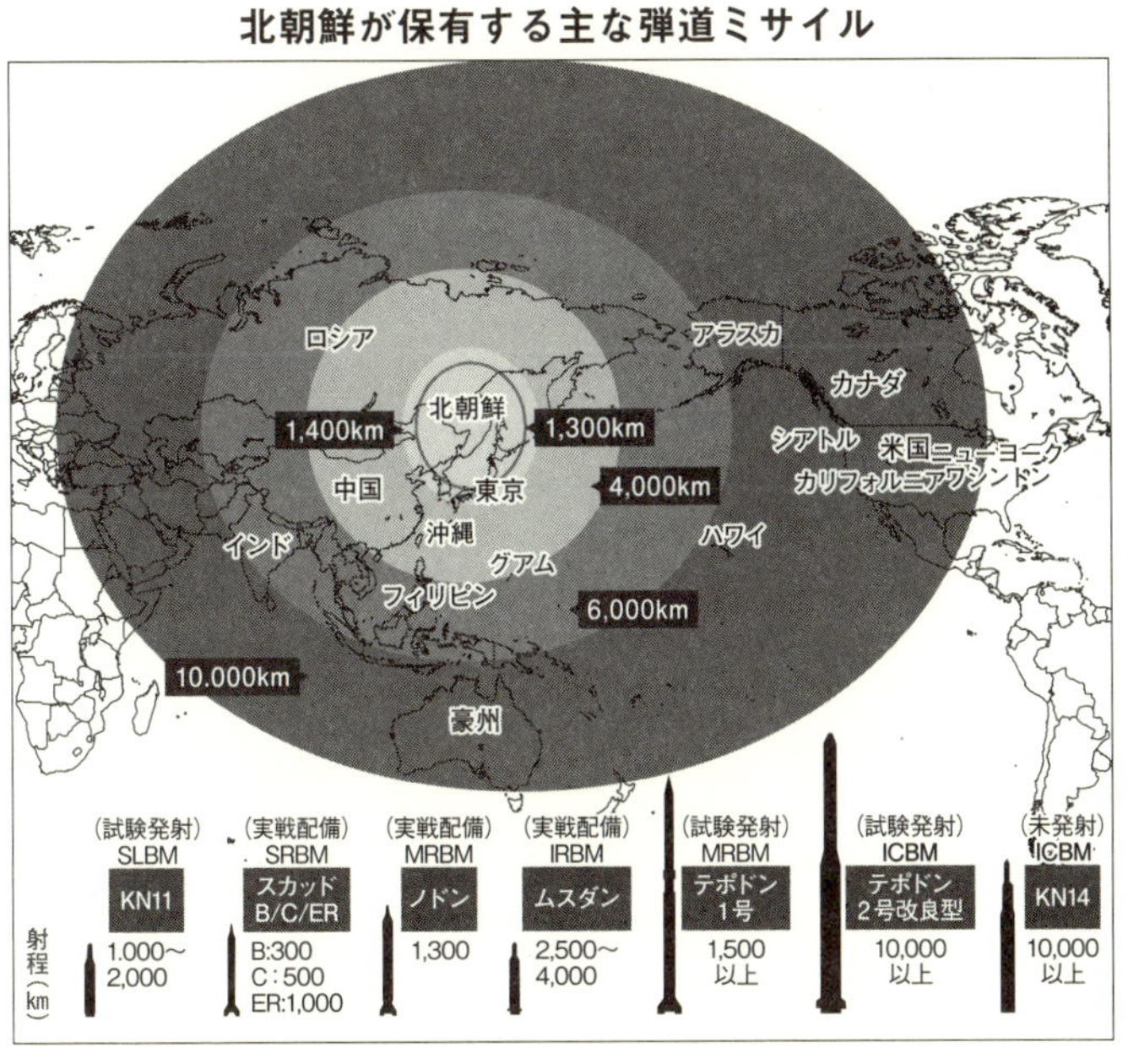

北朝鮮が保有する主な弾道ミサイル

レッド・ラインの次がデッド・ラインです。これはレッド・ラインとは違って、技術的な問題ではなく、時間軸の問題で、３つある。

１９９４年、北朝鮮はＩＡＥＡ（国際原子力機関）の査察を拒否。さらに、核兵器の原料プルトニウムを抽出すべく、使用済み燃料棒８０００本を原子炉より取り出し、核燃料貯蔵施設にストックしました。

米クリントン政権は北核施設の空爆を真剣に検討し、北朝鮮は「核施設が空爆されれば、ソウルを火の海にする」と脅迫しました。

結局、韓国の金泳三（キム・ヨンサム）大統領がやめてくれといったので、アメリカは攻撃をやめた。そして、米、韓、日、中、露の5カ国は、北朝鮮に核兵器開発を放棄させるための枠組み合意を成立させ、エネルギーや経済援助を約束しました。以来、クリントン、ジョージ・W・ブッシュ、オバマと3政権×8年＝24年間、北朝鮮のやりたい放題を我慢し続けているわけです。

そして、この24年間に、北朝鮮に核・ミサイル開発をする時間を与えてしまった。また、次の24年も同じことを繰り返すのか――という思いはアメリカには必ずある。これが時間軸の要素のひとつです。

もうひとつの時間軸は、金正恩の居場所がわかり、75〜80％以上の成功率で、攻撃開始から6時間、最悪でも24時間以内に核・ミサイルと長距離火砲戦力を壊滅することができれば、アメリカは実行するでしょう。

そして最後は、これだけ国連で経済制裁決議を繰り返し、これだけ中国を説得したのに、これだけ耐えたのに、ということを国際社会に見せつける時間が必要。だから、時間軸は3つあるわけです。

渡邉　トランプ大統領は、アメリカの世論を大変気にしているわけです。政権発足から半年が経ち、そろそろ1年になろうとしているこの時点で、ある程度、国内もまとまりかけている。しかし、その一方で、トランプとロシアがつながっているとする疑惑「ロシアゲート」という大きな嫌がらせも受けている。こうした状況のなか、トランプはなんとか自分の支持率を維持したい。国威発揚ということが、支持率アップに使えるなら、使ってやろうじゃないかと。北朝鮮を攻撃したところで、経済的メリットはアメリカにはありません。それが、攻撃をしなかった理由だった。したがって、アメリカ国民が納得するだけの理由さえできればトランプは北朝鮮を攻撃する可能性があるわけですよ。

　現にイランに関しては、核開発につながる、プルトニウムを抽出するための原発だから、という理由でアメリカ軍が原子力発電所を攻撃して、破壊しました。

　北朝鮮にまだやっていない理由は、中東と東アジアという地政学上の問題と石油があるからです。中東には石油という非常に大きな利権があり、軍産複合体などもそれを守るためにアメリカの世論を煽(あお)った。したがって、いまトランプが注視しているのはアメリカの国内世論の動向です。北朝鮮を攻撃したところで、世論は大して動かない。国内世論がどう転ぶかというのが、政治判断のいちばんのポイントになっている。ここをまったく無視して、国家間の構図だけで見てもあまり意味がない。

野口　それも、時間軸のひとつですよ。

軍事攻撃ができないアメリカの国内事情

渡邉　いま、アメリカが抱えている国内問題は、債務上限問題です。日本の期首が4月であるように、アメリカの場合は期首が全部10月なのです。だから9月末までに予算を成立させなければなりません。アメリカの政治において、最も野党側が力をもつ時期というのが、この予算編成にかかわる時期なんですね。

要は、日本の赤字国債、公債特例法案です。赤字国債を発行する法律を通す、通さないで野党と与党との間で攻防が繰り広げられ、予算そのものは通るけれど、その後の公債特例法案を通すのが難しい。これが、いわゆる政治的な交渉の最大のポイントになるわけです。

アメリカにおいては債務上限の引き上げが問題になっていて、これをクリアするのが、トランプ大統領にとって、まずひとつ目のハードルです。これに関しては、現在12月6日までの暫定的な3カ月の特例で通す。だから、3カ月間は債務上限に達しない。ただし3カ月後に債務上限に達するから、それまでの間に1年間なり2年間なりの長期の恒久的な法律を通す必要があるわけですが、この間に民主党と共和党との合意も必要になってきて、その辺での駆け引きも含め、政治的になかなか大胆な政策がとりづらい状況にある。

トランプは、恒久法案ということで、債務上限を完全撤廃する法案を通そうとしているのですが、これに対しては共和党内からも反対の声が上がっている。いわゆるバランスシートの不健全性の回避、健全性の担保ということから反対している。

共和党自身が反対する理由にはもうひとつあって、民主党政権になったときに「オバマケア（バラク・オバマ前大統領による医療保険制度改革の通称）」とか、オバマが自らの政策を前にどんどん進めようとしたときに、この債務上限を理由に共和党が反対してオバマの暴走をとめたという経緯もあるわけですね。これを恒久的に撤廃した場合、議会に大統領の暴走をとめる手段がなくなるという側面から反対の意見もあるので、まずこれをどうするかというのが、トランプの悩みのひとつです。

いまトランプが抱える大きな悩みごとが3つあるとすれば、本来どうでもいいかもしれないけれどひとつはロシアゲート、これが、日本でいう「モリカケ問題」みたいなもので、実質は何も問題ないのに、メディアが世論を煽って、問題化させている。

野口　レッテル張り。

渡邉　アンチ・トランプキャンペーンの中核になるものです。

もう一つがいま挙げた債務上限の問題。そして北朝鮮問題ということになるのでしょう。

中東問題に関しては、最近は比較的落ち着いた運営に変わりつつあるので、一時ほどの緊張感はなくなってきていますね。

ポリティカル・コレクトネスで大混乱

野口　「白人至上主義」をめぐる人種問題に対する大手メディアの過熱もひどいですね。

渡邉　人種問題もメディアが大騒ぎしているだけであって、もともと150年前の南北戦争（1861～65年）のときからずっと続いている因縁の問題でしょう。根本的な話、すぐに解決できる問題ではないわけです。それをメディアが大きく取り上げているか、いないかだけの違いでしかない。黒人暴動などというのは、ずっと起き続けていて、現にオバマ政権のときもあったわけですが、これをメディアが政治の責任にしなかっただけの話にすぎません。

KKK（アメリカの秘密結社、白人至上主義団体。クー・クラックス・クランの略称）なんてずっとあるわけで、いまさら出てきたわけでもありませんよね。

野口　私はアメリカへ3年間留学したのでよくわかるのですが、人種差別を反対する人のなかには2種類あって、ひとつは本当に心から、差別主義者を軽蔑（けいべつ）している人間。もうひとつは、自分の社会的地位や教育のレベルの高さをひけらかすために、「おれたち平等だよな」と主張する人間。後者が、いちばん始末に悪い。普段「おれたちみんな友達だよな」と言っていた奴が、パーティーで私が後ろにいるとも知らずに、白人同士で悪口を言っていた。

だから、「ポリティカル・コレクトネス（政治的な正しさ）」という言葉があるけれども、トランプ大統領は、その紳士面していた奴の仮面を引っ剝(ひぱ)がしたわけです。その紳士面した奴の最たる例がニューヨーク・タイムズであるし、ＣＮＮ。だからそういう意味では、ＣＮＮやニューヨーク・タイムズは、本心を見透かされたから目くじら立てているのであって、彼らのほうが、常軌を逸しています。むしろトランプよりも、メディアのほうが常軌を逸している、といっていい。要するに、倒閣運動をやっているわけですから。

渡邉　「他人の人権に興味のない人権派」と、よく言われていますよね。「戦争が好きな平和主義者」とか、「争い好きの平和主義」。たとえば革マル派や中核派とか沖縄にいる連中がそうですよね。争い好きな平和主義者。

野口　要するに共和党と民主党の思考がごちゃ混ぜになっている。１９９１年の湾岸戦争以降は必ずしもそうではありませんが、それまでは、民主党政権のときに戦争を起こして、共和党が収拾していた。民主党は「人権介入」を口実に戦争をはじめてきたわけでしょう。

したがって、トランプ大統領は決して共和党傍流ではありません。「孤立主義（対外不干渉）」が共和党の本質ですが、「アメリカ・ファースト」というのは、民主、共和両党に共通した伝統的な考えでもありますから。

渡邉　ドナルド・レーガン政権（1981年1月20日〜1989年1月20日）までの共和党と民主党には、いわゆる「自由主義者」と「平和主義者」の対立があったわけですが、米ソ冷戦体制が終焉すると両派がぐちゃぐちゃになっちゃった。敵がいなくなった自由主義が暴走し、同時に人権派も暴走した。これが、曖昧模糊（あいまいもこ）としたなかでなんとなく両方とも勢力を拡大してきたのが、オバマ政権の誕生によって、「人権派」といわれる人たちが異常な力をつけてしまって、自由主義者たちへの弾圧をはじめた。いわゆる「ポリティカル・コレクトネス」という名の言葉狩りです。これに異を唱えたのがトランプ大統領であり、それに対して多くのアメリカ人が賛同を示した。

野口　人権派の質（たち）の悪さというのは日本でも同じで、左翼は北朝鮮問題も話し合いで解決しようという。「じゃあ、核・ミサイルを放棄しないといっている相手に、どうやって話し合いで解決するんだ？」と逆に聞いてみたい。そもそも対話を放棄している相手なわけですから。

同時に、いちばん始末に悪いのは、むしろ保守です。大手メディアに出演している保守の論客は「戦争」という言葉を絶対に口にしません。要するに「北朝鮮の核・ミサイル開発の暴走を止められない以上、いまこのタイミングで正しい戦争をおこなえ」というのが私の主張ですが、そういう意見をテレビで言う保守派はまずいない。現実を直視しないで、キレイごとの言説で誤魔化す。しかし、これこそがポリティカル・コレクトネスの悪しき例ですよ。「良い戦争」などあろうはずもありませんが「正しい戦争」は歴史上も存在します。

渡邉　同感ですね。それはすごく危険なことで、そこに存在するものを「汚いもの」として、見なくなってしまっている。見ないですまされればいいかもしれないけれども、目をそむけてしまったがゆえに争いごとが悪化したり、解決の手段を失ってしまうことが、現実には多々あるわけです。嫌なことこそ真剣に考えなくてはいけなくて、直視しなくてはいけないんだけど、見るのも嫌だと。「それでは解決しないでしょう」と言うと、「解決なんてわれわれは求めていない」と。じゃ、どうするの？　ということになってしまう。

日本と韓国の責任

野口　私は、１９９４年に続く悲劇が起きるとすれば、韓国と日本のせいだと思います。

韓国は「従北左翼」文在寅政権でしょう。日本の世論は「対話」で解決しようと言っている。ですが、矢面に立っているのは日韓なんですよ。だから、本来日本と韓国が「もう対話じゃ無理だ、戦争をやりましょう」とアメリカにもちかけなきゃいけない立場なはずです。

渡邉 当事者意識がなさすぎる。

野口 アメリカから置いてけぼりを食らいますよ。トランプ大統領は実業家出身。アメリカに届くICBMの開発をやめさせる代わりに、実戦配備済みの日本向け核・ミサイルは認めるディール（取引）を、日本の頭ごなしに実行するのは悪夢です。つまりアメリカが北朝鮮を「核保有国」として認めてしまったら、日本はこれからどうするんですか？という問題です。

核保有国となった北朝鮮が「経済復興に日本の国家予算の3分の1を拠出しろ！」と恫喝。あるいは韓国と一緒になって「世界中に慰安婦像をつくるからいいな、徴用工像を世界中につくるからいいな、その予算は日本が出せよ」ということになりかねません。日本は朝鮮半島にコントロールされるわけです。

渡邉 すべてにおいて当事者意識がない人たちが、無意味な、ありもしない「平和」というものを錦の御旗にして騒ぎ続けている。たとえば、日教組の先生が強いところほどいじめ問題が深刻だといいますよね。

野口　同じ話だと思うのです。まずは「平和は自らの力をもってつかみとるものである」という認識を、もつ必要があるし、教える必要があるのだと思います。それを語ることができる有識者がいなければ、学校で教える教師が育つはずがない。生徒も「平和はタダ」との意識をもちつづけることになる。

斬首作戦部隊をアメリカが見計らうタイミング

渡邉　韓国が北朝鮮の金正恩ら首脳部を暗殺する任務を担う「斬首作戦部隊」を「12月1日に創設し、実戦配備する」（2017年9月4日）ようですが、その矢先に、10月10日付朝鮮日報によると、その斬首作戦計画を含む軍事機密文書が北朝鮮のハッカー攻撃により、大量に流出していたことが判明しました。

野口　ですから、いま米軍は韓国軍に対する情報統制を一層強化していますが、それは次章で詳しく論じたいと思います。

じつは朴槿恵大統領の時代に、もう斬首専門部隊というのはつくられていましたから、あのような隠密の部隊を公表するということは、威嚇としての意味が大きいのでしょうね。

米軍のB2戦略爆撃機。B2は核爆弾なら16個を搭載可能で、14トンもある大型爆弾「バンカーバスター」も運べる。北朝鮮の核ミサイル基地攻撃には最適の爆撃機

在韓米軍と韓国軍がいま立てている作戦は「作戦計画5015」といい、戦争が始まったら間違いなく採用される作戦です。これは、米韓連合軍が過去に立案した各種作戦をほぼ網羅します。シナリオをすべて敢行すれば「全面戦争」に、「序章の上演」だけでやめるのなら「限定戦争」となり、その中間であれば「中規模戦争」と位置付けられます。そのなかのひとつに、斬首作戦があるのです。

アメリカが想定しているのは、まずは、サイバー攻撃や電子妨害でレーダーや電子系統を機能不全にする。戦果に鑑(かん)み電磁パルス攻撃も敢行する。次に各種ミサイルによって軍事拠点を徹底的に攻撃し、司令部機能を麻痺させる。38度線沿い、

1万門・基あるとされる火砲も無力化する。その後すぐに無人機、有人機による精密誘導爆撃をおこない、さらにそれまでの絨毯爆撃とは違う、ピンポイントな爆撃をおこなう。

地下要塞の核・ミサイル施設や深度150メートルにある金正恩の秘密居所などは「大型貫通爆弾（MOP）」をお見舞いする。MOPは1万メートルの高高度で投下され、猛烈な加速度をつけて落下。弾頭部分は弾着時の激烈な衝撃に耐えられるように高強度鋼を鍛造して仕上げている。戦果不足の場合は「ミニ・ニューク（小さな核爆弾＝核爆発力を抑えた戦術核）」を装填した「地中貫通核爆弾」の使用まで考える。いずれも、限界深度に到達後に起爆して、地下要塞を吹っ飛ばす。

こうして、ある一定の成果があったら、今度は特殊作戦部隊……たとえば「チーム6」のようなエリート中のエリートですね。アメリカ海軍の特殊部隊であるネイビー・シールズのなかから選ばれ、さらに選ばれた連中です。ネイビー・シールズは地域別に担任が決まっているナンバーリングされた複数のチームをかかえていますが、チーム6はシールズではなく、独立した組織です。シールズの現役隊員より選抜され、1週間もの間、不眠不休で任務を完遂するなど、驚異的な体力・精神力を問われる。訓練時での死者・脱落者も多いと聞きます。

こういうエリート部隊を入れて、内部のスパイや衛星情報などをもとに、金正恩や党、

アメリカ海軍の特殊部隊Navy SEALs（ネイビーシールズ）。アメリカ海軍特殊戦コマンドの管轄部隊であり、2つの特殊戦グループ、8つのチームに分かれて編成されている　©ZUMA Press/amanaimages

軍の首脳を殺したり、拉致したりしにかかります。なぜ拉致かというと、金正恩の死を確認させる必要もあるからです。

また、北朝鮮内部のスパイの誘導によって、攻撃前に、特殊作戦部隊が入る可能性もあります。軍高官や党高官を拉致して金正恩の所在を確認したり、軍や党のコンピューターやソフトを奪ったりして、部隊配置や軍・党首脳の潜伏場所を最終特定し、それからミサイル攻撃につなげる、という作戦です。そこはアメリカ軍のことですから、最適なタイミングを狙うでしょう。

渡邉　シールズを中心として動いているアメリカの特殊作戦は、ほとんどがポインティングです。ＩＳがその典型で、敵対する対象、テロリストを殺すうえで、ここの場所にテロリストがいますよという座標を送るのが、特殊作戦部隊の最大の仕事になっている。あとは、無人機でもなんでも、そこに攻撃をする。座標さえ特定できれば、あとは破壊力の問題なので。北朝鮮に対しては、ある程度周辺の被害が生じても仕方がないとされているわけですね。それが中東との最大の違いで、中東は民間人を殺すと、本当に蜂の巣をつついたようになってしまう。北朝鮮の場合、それがほとんど起きえないだろうと。したがって、金正恩がいるエリア、500メートルとか1キロという範囲である程度把握できれば、そこを攻撃してしまえばいい。後は、通常兵力に関しては、38度線の前線とかは、一気に壊していく。司令官を奪う。この2つさえすればいい、というのが、アメリカ側から見た、対北戦争なのでしょう。

アメリカが電磁パルス（EMP）攻撃をする可能性は高い

野口　先ほど、「石器時代」になるのは北朝鮮のほうだと言ったように、アメリカがEMP攻撃を仕掛ける可能性は高いのではないかと私は思います。たしかにEMP攻撃といえば、これまではもっぱら北朝鮮が日本を筆頭に米韓に仕掛けるというパターンで論じられることが多かった。そして、実際アメリカ国防総省も、北朝鮮がすでに核弾頭の一定程度の小型化に成功し、ＥＭＰ攻撃能力を備えたと確信しています。

しかし、一方のアメリカもこの恐るべき兵器を研究・開発し、実戦段階まで昇華しているのです。

実際、アメリカは１９６２年、北太平洋上空で高高度核実験《スターフィッシュ・プライム》を実施、高度４００キロの宇宙空間での核爆発でＥＭＰを発生させた。ところが、爆心より１４００キロも離れた米ハワイ・ホノルルなどで停電が引き起こされ、結果的に予想どおりの「魔力」が実証されたのです。

アメリカの専門家チームが近年まとめたシナリオでは、10キロトンの核爆弾がニューヨーク付近の上空１３５キロで爆発すると、被害は首都ワシントンがあるアメリカ東部の全域に及ぶといいます。損壊した機器を修理する技術者や物資が大幅に不足し、復旧には数年を要し、経済被害は最悪で数百兆円に達する。

ＥＭＰ攻撃をやると軍事インフラも無力化できるため、アメリカがそれを仕掛ける可能性もあるのではないか。現にトランプ大統領は、「選択肢はいくつかある」と言っています。その選択肢のひとつとして、逆パターンの電磁パルス攻撃もありうると私は見ています。いまに至るまで日本のメディアは、ＥＭＰ攻撃は、北朝鮮が使ってくるとしか書いていませんが。

もし北朝鮮の電磁パルス攻撃を受けたら

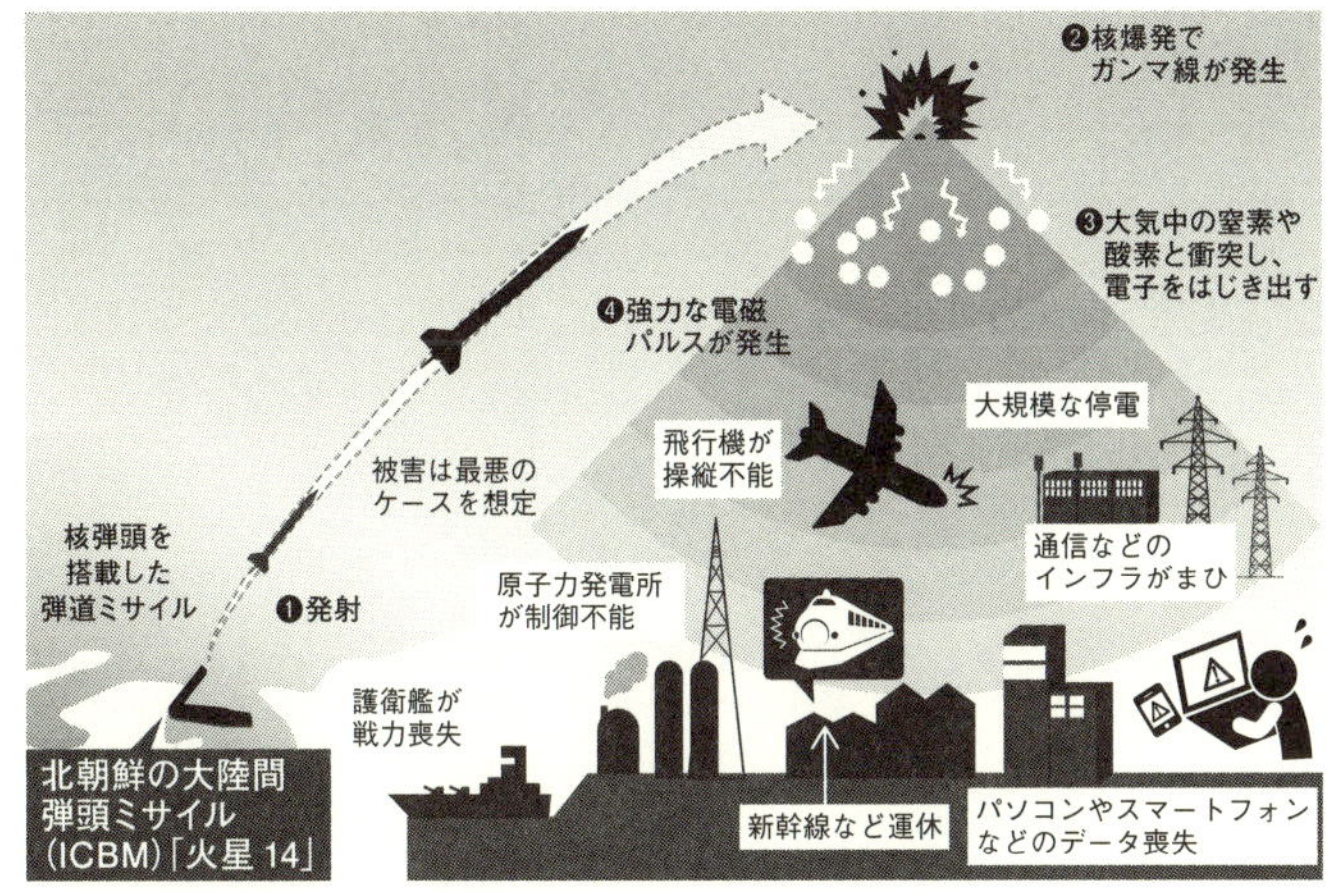

▶広範囲で長期間の停電が発生
▶電子機器がデータごと破壊される恐れ
▶米国やロシア、中国も攻撃能力を持つ

専門チームが描く被害想定

爆発規模が10キロトンの核爆弾を
ニューヨーク付近の高度135キロで爆発させた場合

ワシントンやニューヨークなど
米国東部の全域

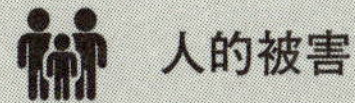

死傷者、停電地帯からの避難者が
それぞれ数百万人発生

数兆ドル(数百兆円)

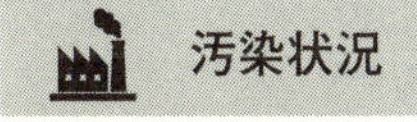

広範囲で原子力発電所や
工業施設などの火災・爆発が発生
放射性物質や化学物質の脅威が生じる

数年はかかる見通し

電磁パルス攻撃の日本への影響範囲

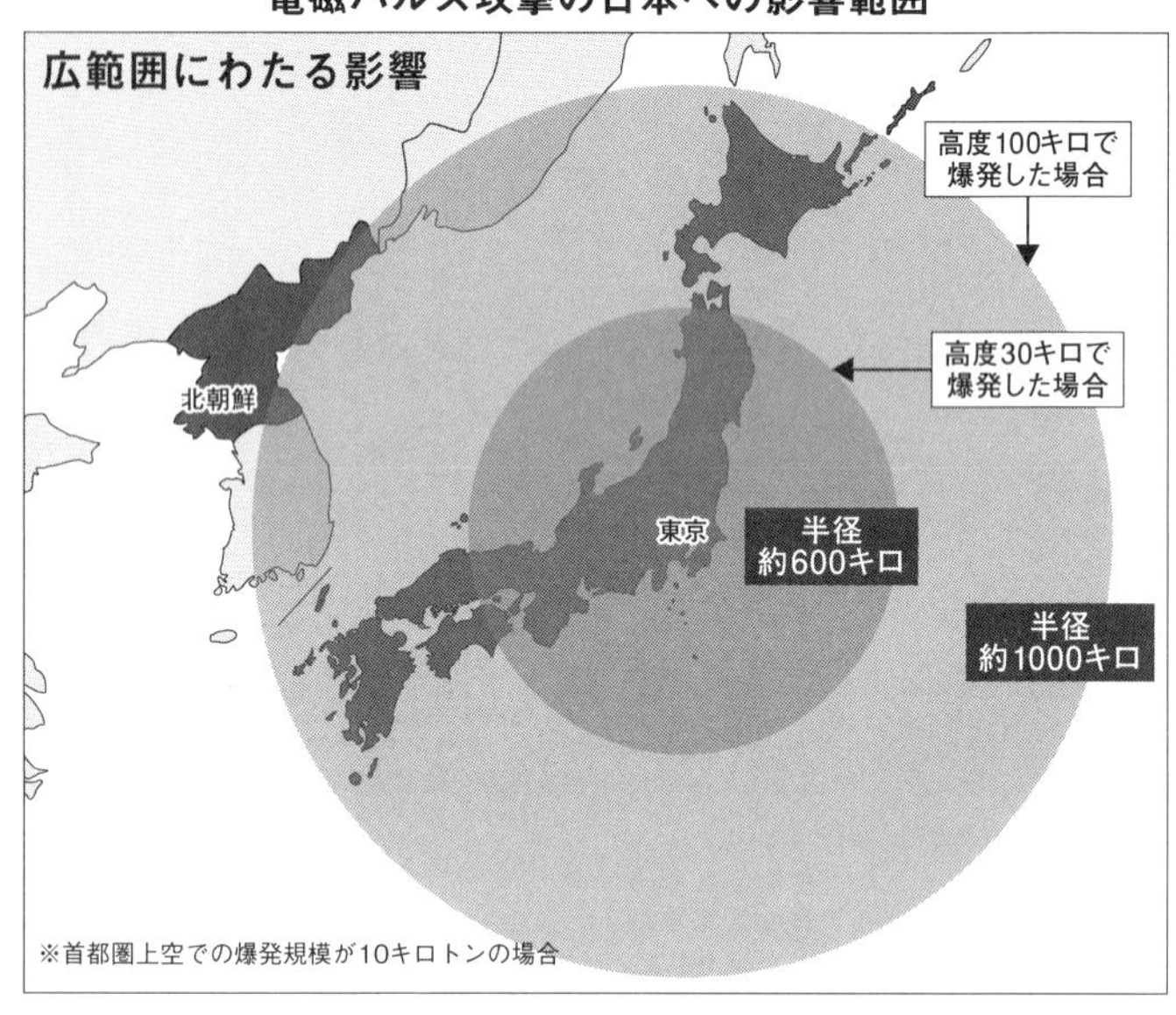

　ＥＭＰ攻撃と地中貫通核爆弾の使用は、じつは両方とも使用へのハードルが低い。というのも、ＥＭＰ攻撃の場合、核爆発に伴う熱線や衝撃波は地上には届かず、被攻撃側の人々の健康に直接影響しない。地中貫通核爆弾も爆発力を抑えれば、地下での起爆であり、一般国民の住む地上の破壊範囲を抑え、核汚染被害も局限できる。地下に蓄えられている朝鮮人民軍の生物化学兵器も、核爆発力を抑えた「小さな核爆弾＝ミニ・ニューク」が発生する熱波で蒸発↓無害化に一定程度貢献するでしょう。

渡邉　それと4月にアフガニスタン

で使用した「爆弾の母」と呼ばれるMOAB（大規模爆風爆弾）がありますね。

野口　ただ、MOABでは北朝鮮の地下要塞には力不足だと思います。

渡邉　アメリカの最大のMOPでも地下要塞の強度にもよりますが60メートルくらいの貫通力といわれているから、届かないでしょう。そこで、地中貫通核爆弾を使う可能性も指摘されています。

また、北朝鮮のEMP攻撃に関しては、ディフェンスをどうやっておこなうか、が問題です。

野口　いまようやく、研究開発に予算をつけはじめたところです。その点は自衛隊よりも韓国軍のほうが、むしろ進んでいます。建物に金網を張るだけでも効果があるようです。

在韓アメリカ人が人質でなくなる日

野口　日本の識者は、「そうは言っても、在韓のアメリカ人がいるだろう」と、よく言いますね。たしかに、この人たちを本国へ帰すことによって、北朝鮮に一種の脅しをかけ、交渉のテーブルにつける、という効果もありえるでしょう。しかし、在韓のアメリカ人を本国に引き揚げさせることは、「これから戦争をはじめますよ」と宣言するにも等しいので、攻撃をしかけるときに、在韓米人を引き揚げさせるとは限りません。それなのに、日本の民間識者の中には、「在韓米人が引き揚げるかどうかが、戦争をやるかやらないかの分水嶺だ」などという人がある。私は、そうではない確率のほうが高いと思っています。

渡邉　「在韓アメリカ人」と一口にいっても、アメリカ国籍を取得したアメリカ人と結婚した韓国人や遠征出産でアメリカ国籍をとった韓国人と、朝鮮戦争で生まれた子供たちがほとんどで、いわゆる白人やブラックのアメリカ人らしいアメリカ人ではなくて、朝鮮民族なんですよね。

その他は在韓米軍の軍属たちなので、彼らは非常によく訓練されていて、有事のさいには一気に避難することができる。

在韓アメリカ人は約20万人といわれていますけれど、在韓米軍の軍属まで入れると数十万人いるわけですが、実際には日本人より少ない。アメリカとの二重国籍者を除いた純粋なアメリカ人は、もっと少ないでしょう。

仮に殺されたら、殺されたことを楯に戦争もできるし、守るという意識はあっても、本人の意思で紛争地域にいる人は守りようがないですよ。ですから軍属は有事に備えて避難訓練をずっとやっています。

野口　たとえば、沖縄の米軍基地の地下には、ものすごく大きなシェルターがある。軍人家族のそこへの避難は、実動訓練までやっています。繰り返しますが、それすらおこなわずに、攻撃をしかける可能性もあります。アメリカは、金正恩の所在を把握して、6時間以内に、火砲を全部片づけられて、核施設を半ば稼働不能にする――上限は24時間以内ですけれども、6時間以内にこれができる可能性が75～80％あれば、やる、ということを、国防総省の筋からの情報として得ています。そのタイミングが合えば、アメリカは実行するでしょう。

戦争はもうはじまっている

野口　そもそも論として、もう戦争ははじまっているのです。「経済制裁」は、戦争ですからね。日本人のなかには、経済制裁は戦争じゃない、話し合いだと思っている人がいますが、誤った認識です。

渡邉　たぶん、日本人は戦争を非常に情緒的にとらえているのです。しかし、戦争というのは、単なる現象にすぎない。

人対人、団体対団体、国家対国家の利害が対立するときに、衝突が起きます。この衝突関係を平和的に解決する手段としてあるのは、まず言葉です。司法判断によって、解決します。それでも解決しない場合は、結果として闘争が起き、衝突が起きます。これが、軍事衝突、武力闘争です。これを、「戦争」と呼んでいるだけであって、状況を説明するものでしかない。「戦争」は宗教のように唱えたらなくなるものではないのです。「戦争」にしても「平和」にしても「状況を説明するものでしかない」ということを理解せずに、それが何か別格のもので、どこかに存在しているかのように思う人が多いので、おかしなことになるわけです。この認識をまず改めないといけませんね。

野口 戦争というものを、理詰めで考えてこなかった結果、いまのような状況があるわけです。「対話」なんていうのは、情緒にすぎません。

1994年の「第一次北朝鮮核危機」のときに、なぜアメリカが攻撃をしなかったのか。私はそれが悔やまれてならない。あのときより現在は、格段に北朝鮮の報復のリスクが高まってしまった。主な核施設は寧辺(ニョンビョン)ぐらいだったし、まだ、核・ミサイルは完成していなかったのだから。やはりあのとき、アメリカはやるべきでした。1994年の米国防総省によるシミュレーションでは、米・韓軍と民間人で100万人の死者が出るということで、韓国大統領の金泳三がやめてくれといって、できなかった。しかし、あのとき攻撃しなかったおかげで、いまではもっと大きな被害が出るかもしれない。

ただ、それでも少しだけ希望があるのは、北朝鮮の通常兵力は、1994年のときよりも現在は格段に下がっていることです。反対に、韓国軍と北朝鮮軍の通常兵器の差は格段に広がっている。また、在韓米軍の精密誘導爆撃は格段に進歩しているので、そういう意味では、好材料がないわけではない。

何度も言いますが、「良い戦争」なんて、絶対にないですよ。戦争が好きな奴なんて、もしいたらどこかおかしい。でも、主権を守るとか、国家を守るとか、国民の財産を守る、などという「正しい戦争」はある。正しい戦争を遂行しなかった危険というのは、こういうところに露呈するわけです。

なぜミサイル実験で円が上昇するのか

野口　渡邉さんにお聴きしたかったのは、米朝対立を分析するポイントとして、金の価格や為替、つまりマーケットとの関係です。

渡邉　北朝鮮のミサイル実験によって、金の価格が上昇していますが、これはリスクが高くなると中国人や韓国人、朝鮮人が金を買うからです。

なぜ金が高くなるかというと、いわゆる朝鮮問題の後ろには必ず中国がいる。北朝鮮の問題が悪化すると、中国は必然的に「自由主義化」方向から「共産主義化」方向に移るんですよ。

なぜかというと、軍制化、軍国化を進めるうえで、民主化はいちばん邪魔なものになるからです。共産主義化すると中国の富裕層は自国の財産を守るために金にかえる。これはもう、昔からある大陸の文化なんですね。財産を金でもつ。そういうわけで、中国人が金を買うから、必然的に金の値段が高くなる。

また、中国政府としても、アメリカとの関係が悪化すると、外貨準備の米ドルをいつ凍結されるかもわからない。そうなると、アメリカをはじめ、国際間の決済ができなくなる可能性が高くなる。したがって、金をドルのかわりに留保していく必要が生じるわけです。中国が優先的に金を買うのはそうした事情もあります。

それから、世界的なリスクが高まると円高になるのは、いわゆる地政学的リスクのためです。

戦争による日本と北朝鮮との間のリスクには、もうひとつあって、日本は26年連続でいわゆる対外純資産（国が海外に保有している資産から負債を除いたもの）が世界一の国なわけです。実は、日本の銀行は多くの日本人が知らない形で海外に融資しているんです。なぜかというと、邦銀は日本の国内金利が安いため、国内には融資先がないからです。民間の人たちも同様で、融資する先がないから外国のファンドなどを買っています。また、日本の金融機関が、外国の金融機関にお金を出してもいる。

日本の金利は安いですよね。たとえば、日本で0・1%で借りたものを、金利8%の国で運用したとする。すると7・9%が抜けて利益となるわけです。これを「キャリートレード」といいます。安い金利の国で借りて、高い金利の国で貸す。これは、一種の投資なのですが、最短なものだと「オーバーナイト」といって1晩単位でも売買をやります。

金融というのは、基本的に長期のほうが金利は高く、短期のほうが安い。だから金融は、常に短期の金利で集めたお金をぐるぐる回しつづけて、長期のものに投資するんです。そうすると、この間での金利差も抜けるわけです。したがって、キャリーによる金利差と、いわゆる長短の金利の金利差で、お金は動いていきます。

ところが、いざリスクが高まると長期の金利が一気に上がり、破綻の可能性も高まる。ですから、リスクの高い危ない投資は引き揚げるわけです。

海外に投資する場合、円のままでは投資はできませんから、円で借りてドルで貸すことになる。つまり、円を売ってドルを買う、円を売るので円安が進むわけです。この動きがリスクの高まりにより逆行すると、ドルを売って円を買い戻すので、円高になるわけです。これが、非常に短いサイクルで起こるんです。

投資といっても、たとえばファンドとかETF（上場投資信託）——ETFというのは、日経平均株価や東証株価指数（TOPIX）といった指数に取引している融資形態ですね――などが多いわけですから、売り買いが非常に早いんです。「ホットマネー」といわれる期間の短いお金は、不動産みたいな動かせないものではなく、株式の指数だとか原油先物だとか、単にデリバティブ（金融派生商品）で投資していますから、その場で決済が起きていく。

ですから、海外にドルでもっていると、日本の融資先にお金をその場で返さないと、金利を借り続けることになるから、動かしている人間は、長くもっていられないんです。そこで、ドル資産を売るのと、円で返済をするのを、同時にやるわけです。そういうわけで、リスクが高まると、一気に海外に出ていたお金が日本に巻き戻ってきて、ドル売り&円買いが起こるから、円がポンと高くなる。

したがって、日本が26年連続の純債権国であるということは、海外に対して大量の金額を現地通貨にかえて貸している――ということなのです。これが巻き戻る。このホットマネーの動きが、価格を決めてしまう。

売買はすべてそうなんですが、売り買いで値段が決まるので、もっているだけじゃ値段の決定要素にはならない。短期でもいいから、売ったり買ったりする人が値段を決めていく。株式もそうです。売りが大量に出ると、円が安くなったり高くなったりする。売り買いで決まってしまうわけです。

こういう現象が起きているのが現状で、特にFX（外国為替と外国為替証拠金取引）のような短期のデリバティブ取引、即応性のある取引がふえているため、変動が非常に激しく、タイムリーになったというわけです。

金融ビッグバン以前の上田ハーローみたいな為替ブローカーの時代、銀行間取引だけしかできなかったころは、午前中の相場、午後の相場、というスパンで通用したんですが、いまは秒単位どころかミクロン単位で為替が動きますから、恐ろしくタイムリーですよね。

マーケットも戦争を織り込みだした

渡邉　リスクが高まれば高まるほど金が高くなるし、円も必然的に一定の範囲までは高くなるでしょう。ただし、本当に戦闘行為がおこなわれたら、地政学リスクが一気に上がるので、今度は逆に円が売られる構図になるかもしれない。つまり円安になるタイミングが来る可能性がある。ただ、その臨界点がどこかは、わからないですが。

ポイントは、投資家がそれまでに、どこまで織り込み作業がおこなえるかなのでしょう。デリバティブというのは複数の商品を集めて、ミックスしていますから。

たとえば戦争が起こるリスクがあるとする。戦争が起こるリスクが何%だから、どういう計算で売り買いをする——と。

野口 私のような経済素人にはそれが不思議でした。北朝鮮リスクで戦場になるのは日本なのに、なぜ円安にならないのか。

渡邉 地政学的リスクがあるという投資家の判断よりも、短期の資金の移動の動きのほうが激しいからです。

野口 ただし、実際に日本が戦場になったら、円安に振れるわけですよね、これは間違いなく。

渡邉 基本的に有事はドル買いということで、戦争が起こるとドルを買う動きが強まるのです。

野口 ミサイルが日本列島を越えたぐらいじゃだめなんだ。

渡邉 北朝鮮が、本当に日本を攻撃するなんて、誰も思っていない、ということなのでしょう。

ただ、こうしたことは徐々に織り込んでいくので、戦争リスクが高まっていく過程で、どんどん現地商品売りの円買いで、日本にお金が戻りはじめている。戻ってきて、戻ってきて、実際に起きたときには衝撃が少なくなっている。これを織り込みというんですが、マーケットでの織り込みはいまのところ15%ぐらいじゃないですか。軍事衝突が起こる可能性というのは。

野口　私はそんなに甘くないと思いますよ。アメリカがデッド・ラインを越えるのもそう遠くないと。

渡邉　同感です。アメリカの世論調査では、共和党支持者の7割ぐらい、民主党支持者でも5割以上が北朝鮮を殲滅（せんめつ）すべきだという調査結果が出ているので、トランプ政権としては攻撃をしやすい環境が整ってきていると、本来見るべきなのでしょう。

第2章

お笑い朝鮮半島
――韓国が平昌（ピョンチャン）オリンピックを開けない理由

「物乞い」のような事大主義

渡邉 ここのところ顕著なのは文在寅政権に変わったからということもありますが、北朝鮮がアメリカしか見ていないのと同様に、韓国が北朝鮮の脅威を見ていないんですよね。

本来だったら敵対対象である北朝鮮に対して、強い圧力をかける立場であるべき韓国自身が、下手をすればアメリカや日本に背を向けている。中国に対しても強く出ない、何もしない。当事者意識がまったくない。これが、アメリカ軍やトランプ大統領を悩ませている大きな要因のひとつですね。

野口 トランプ大統領は、韓国に接すれば接するほど呆れはじめている。不信感を抱きはじめている。逆に、日本に対する信頼感は増していくわけです。「なんだ、同じ黄色人種でも、こんなに違うのか」ということは、自覚しはじめています。

CIA（米中央情報局）がどういう報告をしているかによるのだけれど、私が聴いた確かな情報では、日に日にトランプ大統領の韓国不信感が増幅しているといいます。

渡邉 文在寅大統領を、まるで「物乞いのようだ」と言った、などと報じられていますね。

野口 やはり、朝鮮半島には「事大主義」があるのでしょうね。「事大主義」とは、「小が

THAADミサイル。THAAD砲台1基を朝鮮半島に配備するのに1兆〜2兆ウォン（約1002〜2005億円）かかるといわれている　©Polaris/amanaimages

自らの信念を封じ、大＝支配的勢力に事(つか)え、自己保身・生存へと流されていく外交姿勢」。つまり、弱者が強者になびいていく非常に悲しい考え方ですが、大陸から出た臍(へそ)である半島というのは、得てしてそういうものです。あっち向いたり、こっち向いたり360度首がまわっちゃうわけです。THAAD(サード)（終末高高度防衛ミサイル）問題が最たる例でしょう。

5月に誕生した文在演政権は当初THAAD全6基のうち4基の追加搬入に慎重姿勢を示していた。たとえば、文大統領は7月28日、一般環境影響評価（アセスメント）の実施を発表するなど、THAAD配備の先延ばし・撤回を画策してきました。ですが、同じ夜に北朝鮮が

ＩＣＢＭを発射するや即、在韓米軍に保管中の残る４基の速やかなる追加配備を指示するなど、鮮やかなる「朝令暮改」を披露。９月には配備完了を発表しました。中国および北朝鮮は激怒しています。

大陸の端で、脱出するところがない。いわば、廊下の突きあたりですから。そういう地政学的な問題があって、韓国というのは伝統的に事大主義で生き延びてきた。それが、いかに見苦しいかということを彼ら自身が自覚していないところが、また問題なわけです。

渡邉　結局、韓国というか、朝鮮半島の地域性ですよね。バルカン半島もヨーロッパの火薬庫と呼ばれましたし、クリミア半島も大国の激突の舞台となった。こういう半島のもつ悲哀というものが、あるのだと思います。日露戦争がその典型ですけれど、当時アジアの覇者であった日本と、中国と、ロシア、この３つの国を天秤にかけて、どこにくっついて自国の維持をはかるかに汲々としている。通貨スワップ協定（各国の中央銀行が互いに協定を結び、自国の通貨危機の際、自国通貨の預け入れや債券の担保などと引き換えに一定のレートで協定相手国の通貨を融通しあうことを定める協定）の問題にしてもそうです。

中韓通貨スワップがかろうじて延長されたからよかったものの、韓国はあわや日中両国から打ち切られる事態に陥るところでした。

中韓通貨スワップは韓国にとって、全通貨スワップの45・８％、自国通貨（ＬＣ）スワ通貨スワップとは外貨不足になった際の保険のようなものなので、なくなるとリスクが高まるわけです。

もともと日韓通貨スワップは2008年リーマンショックにともなう世界金融危機、通貨危機直前までおこなった韓国は、当時の大統領である李明博（イ・ミョンバク）が日本に通貨スワップを依頼してきた。

日本側は今後韓国が慰安婦問題等を持ち出さないことを条件にスワップを与えたわけです。

しかし、麻生政権崩壊により韓国はこれを反故（ほご）にして、李明博大統領の天皇陛下への土下座要求発言などを行った。そして、日本との関係が悪化すると、日韓通貨スワップの代わりに中国に乗り換えたというのがその経緯です。しかし、2015年中国の株式バブル崩壊で外貨規制が強まると、にわかに中国に依存するのは危険だということで、再び日本にそれを求めだした。

韓国はプサンの日本大使館前に設置を認めるなど、慰安婦合意を守らないため、日本ともスワップを再契約できず、THAAD問題により中国との関係も悪化、日本とも中国ともスワップを結んでもらえない自業自得の状態になりかけていたわけです。

文在寅政権誕生でアメリカとの関係も悪化しており、ハードカレンシー（国際決済通貨）

の国以外とは直接スワップを結んでいないため、韓国だけに特例的スワップを与えるとは思えない。2008年の韓国通貨危機の際も、日本の仲介があったからこそ期間限定で結んでもらえたわけですからね。

たとえ今回乗り切ったとしても、韓国が同様の構図に悩まされることに変わりはありません。

結局、日露戦争の時代から、何も変わっていないのです。

韓国と北朝鮮の差

渡邉 ただ、北朝鮮側は、少し変わった。北朝鮮の場合、日本統治下から離れたあと新たに国家体制をつくるときに、日本の天皇制を踏襲したといわれている。「将軍様」というものをつくり、それをある種神格化することによって、一本筋が通った。ところが韓国の場合は、当時軍事独裁政権で、時間をかけながら民主主義になっていった。ところが、そのやり方がまずくて、アメリカの「自由」とか「平等」という概念の悪いところだけがどんどん取り入れられていった。

占領米軍による日本人へのウォー・ギルト・インフォメーション・プログラムでも同じ

ように「自由平等」の行きすぎた価値観が入り込んできた部分があるけれど、さらにそこのエッセンス部分だけを、悪いかたちで取り込んでしまったのが韓国であって、その結果、国に対する忠誠心がまず、ない。

その最たるものが移民ですね。韓国ではエリートとされる人たちは、アメリカやカナダど海外に留学する。同時に、遠征出産もその典型でしょう。蓮舫氏の問題でも話題になりましたが、国籍には血統主義と出生地主義の2種類があって、カナダやアメリカなどは出生地主義。そういう国で遠征出産して、そこの国籍をとるということを、エリート層、金持ち層がみんな、目指すわけです。

そのような国家に、優秀な人材が残るわけもありません。だから、国体を維持できるかというほどの人材不足で、どんどん劣化していく。

劣化した民主主義の象徴的なものが「蠟燭デモ」などの、さまざまな、彼らの言う「民主活動」。大声で叫べば何でも言うことをきくだろうというバカげたことを、あたかもそれが民主主義であるかのごとく喧伝していますね。

以前の韓国で健全だったのは、新聞は保守が強く、テレビは完全にリベラルという対立構造があった。しかしいまでは新聞も侵食されてしまい、サムスン系でもともと保守的論調をとっていた中央民報でさえもいまは完全にリベラルに流れている。まったく、歪んだ民主主義国家に成り下がっている。

法治国家でない韓国

渡邉　韓国の法律は、日本統治下でつくられた法律が基本になっていて、日本の六法がそのまま六法として存在し、行政法に関しても、ほとんど日本の法律です。ところが、1980年代から韓国が民主化を進めるなかで、勝手な法律をつくりだしたり、勝手な法改正をしはじめたりした。

法律というのは非常にロジカルなもので、ある種方程式的に1＋1は2でならなければならないのに、韓国でつくられた法律は1＋1が0になったりする。もちろん、ある法律と、ある法律の間に明らかな矛盾があるものもある。韓国はさらにひどいことに、遡及法（そきゅうほう）を認めている。つまり、過去に遡（さかのぼ）って人を処罰することができるのです。

法治の前提たる、法理すら守られていない――というのが、韓国の法制度……と呼んでいいのか、司法制度の特徴なのです。

司法自身がまったく役に立たない。ご都合主義で、自分たちの都合に合わせて、どんどん変えてしまう。

徴用工の問題にしても、文大統領は「最高裁の判決を待ちたい」と言う。けれど、あの国の最高裁の判決は、完全に国際法を無視したものを平気で出す。最高裁からして情治、というか「情司法」なんですよね。司法、立法、行政すべてが情治で絡めとられている。文大統領が二言目には「最高裁の判決を待ちたい」というのはつまり、答えが見えているわけで。この民主主義と呼ぶにはあまりに幼稚な国家体制です。

ハングルという枷（かせ）

渡邉　日本が統治する前、朝鮮は識字率が16～20％くらいで、民間には文字というものがほとんどなかった。書面で残す文化がなかったわけです。そこで日本は統治するにあたって、誰でも覚えられるということで採用したのがハングルだった。ハングルは15世紀に考えられた表音文字で、いわば単なる発音記号なので、誰にでも覚えやすく、書きやすいからです。

もともと朝鮮半島では、公文書は漢字で書いたり、ハングルと漢字まじりで用いられたりもしていたのですが、やがて公文書までが全部ハングルになりました。いわば全部平仮名で書いてあるようなものですね。

人間の論理的思考を形成するのは、言うまでもなく文字と言語です。平仮名で新聞から、何から何まで書いてあって、表音文字で複雑な思考回路ができるかというと、できません。文化的土壌として漢字を捨てたということは非常に大きくて、これは大陸にも言えることです。繁体字という、香港や台湾で使われる漢字は、漢字そのものが表意文字なので、意味がある。人偏で何々、というと、人が何々をするとか、字面で意味が通じる。

それに対して、ハングルは、発音文字が並んでいるだけなので、同じ発音で別の意味をもつ言葉もたくさんありますから、文字自体が中途半端なもので、成立していないんですね。そういうわけで、文化云々(うんぬん)を語る以前の問題からやり直さないといけない。

米軍が信用しない韓国軍

野口　在韓米軍の連中は、「自衛隊と組める在日米軍はいいな、幸せだな」とさかんに言う。「自衛隊はここを守れといったら、絶対に守ってくれるけれど、韓国軍は退却・潰走(かいそう)しちゃう」と。

渡邉　アメリカ軍を前に置いて、自分たちだけ退いていきますからね。

野口　側背を突くという、戦ではいちばんやってはいけないことです。これは、先日聞いた、こんなにむごいことがあるかとびっくりした話なのですが、合同演習で各国の潜水艦の守備配置を決めるさいに、米海軍や海上自衛隊やオーストラリア海軍は決まったのに、唯一決められていないのが、韓国海軍です。それだけ信用されていない。むごいでしょう、この話。

渡邉　アメリカの海兵隊がアジアに赴任することが決まると、日本に来るのと、在韓米軍になるのは天国と地獄だといいますね。

実際、いま問題になっているのは、韓国の情報機関である国家情報院（以下国情院）。本来は右派でないとおかしいのに、ここが完全に左派勢力に侵略されてしまっているために、国情院自体が、信用されていない。

野口　国情院はもともと、韓国中央情報部（ＫＣＩＡ）が改称した「国家安全企画部」（ＡＮＳＰ）で、金大中（キム・デジュン）政権下の１９９９年に改編されました。従北左派政権が誕生する度に情報機関を弱くしてしまったものだから、金正日（キム・ジョンイル）が死んだことさえ、公式報道直前まで兆候すら把握できなかった。弱い韓国誕生こそ、従北勢力の悲願です。

そのため、朴槿恵（パク・クネ）大統領は巻き返しを図り、情報機関劣化の惨状を打開すべく、人的情報源構築や通信傍受など態勢強化を命じ、金正恩（キム・ジョンウン）の叔父の張成沢（チャン・ソンテク）国防副委員長（１９４６〜２０１３年）の粛清事件では、側近の公開処刑情報を含め早期に情勢をつかみました。

ところがせっかく巻き返したのに、いま、また文在寅大統領の従北政権が弱めようとしている。

文在寅の国情院に関する活用目的ははっきりしています。文在寅が国情院に発した第一声は、「北朝鮮が韓国に何を求めているか」ということです。経済物資なのか、食料なのか、そこを探れと。それに応えてあげよう、というわけです。そういう親北な、北にポジティブな、友好関係を深める機関に育てあげようと、文在寅はしているわけです。

渡邉　従北政権といわれていますね。本来は諜報(ちょうほう)機関というものは、独立してなくちゃいけない安全保障の機関なのですが、とても韓国らしいことに、縁故主義によって、コロコロ人事が変わる。トップも変われば、なかの人間も変わる。いまは、朴槿恵政権のときの国情院の幹部連中が、朴槿恵大統領の不正にかかわったのではないかと、どんどん摘発されている。そういう状況で、まず国情院自身が信用できないし、のみならず国情院と軍の幹部はつながっているため、軍隊もどうしようもない。

アメリカとしては、逆に韓国軍がいないほうが、作戦計画が立てやすいという話は、野口さん以外からも聞こえてきていますね。「当事者に当事者能力がない状況で、アメリカとしては、なんで戦わなきゃいけないんだ」というのがいままでの理屈だったわけですよね。ところが北朝鮮が、アメリカを直接攻撃できる大量破壊兵器をもつと、これはアメリカの敵だから、アメリカが対処しなければならない。こうなると、韓国とは関係ない話として、アメリカはアメリカとして対処するわけです。北朝鮮がアメリカの敵であるなら、アメリカは単独でも北朝鮮と対峙する、これは当たり前の話です。よく誤解されているのは、中国とか他の国が賛同しなくても……ということではなくて、「関係なしにやるぞ」というのが言葉の本意であって、ここが正しく伝えられないので、日本人は理解できないわけですね。

野口　そのとおりですね。私は、アメリカが北朝鮮を攻撃するときには、ひょっとすると在韓米軍は韓国軍を使わない可能性があるのではないかと思っています。スパイが韓国軍のなかにいて軍事機密がもれる。

それともうひとつは、韓国軍や韓国政府から直接ばれてしまう。だから、アメリカは韓国に対してものすごく情報統制をしています。

現に、米太平洋軍が隷下の在韓米軍や在日米軍、日本を根拠地にする第7艦隊などに、韓国軍に対する情報統制を「一層強化」する旨を厳命しました。

もともと、米太平洋軍は韓国政府の安全保障観や韓国軍の実力を信頼してはいませんでしたが、従北サヨクの文在寅政権誕生を確信した今春より、北朝鮮への情報漏洩(ろうえい)を警戒して情報統制を「強化」してはいた。その「強化」が「一層強化」へと警戒度を上げたわけですが、そのトリガーとなったのは8月、文在寅大統領が北朝鮮に「警告」のつもり放った戦略レベルの大舌禍です。文大統領は大統領就任100日を迎えておこなった記者会見で、恐れていたとおりの無定見ぶりを披露したのです。

「北朝鮮がICBM（大陸間弾道ミサイル）を完成し、ミサイルに核弾頭を搭載して兵器化すればレッド・ライン（越えてはならぬ一線）に当たる」

文大統領が「レッド・ライン」に言及したのは初めてですが、アメリカのホワイトハウスと国防総省はこれに唖然としたらしいのです。

なぜなら、先述したように、トランプ大統領を筆頭に、アメリカ政府はレッド・ラインをあえて曖昧にする戦略に徹しているからです。

しかも、間の悪いことに、就任100日会見のわずか半月前、米国防総省の情報機関・国防情報局（DIA）が次のように北朝鮮の核・ミサイル開発はすでに「境界越え」だとする分析をおこなっていました。

DIAは北保有の核弾頭数を「最大60発」と上方修正し、本格的な核保有国と化すべく「境界を越えた」と指摘。当然ながら、核弾頭の小型化が実現し、ICBMに格納できても、実戦配備には大気圏への突入技術確立が避けて通れない。

しかし、DIAは北朝鮮のICBM発射実験（7月）を受けて「信頼性の高い核搭載の

ＩＣＢＭを２０１８年に保有」と、従来の「20年に保有」を2年も前倒しした。

文大統領の記者会見直前、防衛白書でも「小型化・弾頭化が実現に至っている可能性」にハッキリと触れています。

私も断言してきましたが、北朝鮮のＩＣＢＭ開発は最終段階に入ったと言っていいでしょう。実際、7月には2段式の弾道ミサイルが2回、ロフテッド軌道（高角発射）で発射されましたが、通常軌道で発射されれば射程は1万キロと分析されており、ＩＣＢＭの火星14型と断定された。つまり、北朝鮮は、アメリカの西海岸や中西部シカゴを標的にできる実力を備えたのです。

基本的に、レッド・ライン越えのあとは、軍事攻撃以外に選択肢はありません。だからこそ「越えてはならぬ一線」なのです。

したがって、文大統領の「レッド・ライン宣言」は近々の対北攻撃敢行を予告したに等しい。

渡邉　くわえて、斬首作戦計画の流出も判明し、韓国大統領にしても韓国軍にしても信用失墜は否めないでしょう。

野口　こうなると、ある日突然、在韓米軍以外のアメリカ軍で、北朝鮮攻撃をおこなう可能性が高まるでしょう。

文大統領は、

「北朝鮮を攻撃する時に、大韓民国の許可が必要だ」

「朝鮮半島で二度と戦争はおこなわないと自信を持って言う」

「北朝鮮の挑発に対し、強い制裁と圧力を加えるとしても結局は平和的に解決しなければならない流れが『国際的な合意』。『アメリカとトランプ大統領の立場』も違わない」

などと自信満々に言っていますが、そんなことはありません。徹頭徹尾の非戦は「国際的な合意」などではなく「韓国の独善」に過ぎず、「アメリカとトランプ大統領の立場」とも完全に隔たりがあります。もちろん、安倍首相との「立場」とも大いに異なる。

本来、過去にも増して結束していかねばならぬ日米韓なのに、文大統領が口を開く度に韓国は孤立を際立たせていますね。

日米外交筋によると、トランプ大統領は世界の指導者中、一番の信頼を置く安倍首相と公式発表されている電話会談以外にも頻繁に連絡をとり、その度に信頼感を向上させている反面、文大統領の発言の度に韓国への侮蔑を深めています。

私は、最近よく「従北勢力である文大統領は、一緒になって戦うだろうか？」という質問を受けます。在韓米軍が攻撃するのを、韓国政府はとめるんじゃないかと思う。でも、米韓同盟があるなしにかかわらず、アメリカはやるとなったらやる。

アメリカは地上兵力を緒戦では使いません。戦争前夜と、戦争の終盤に、特殊作戦部隊を用いる可能性はあっても、まずミサイルで攻撃する。そして、有人、無人兵器で精密爆撃をやるので、地上兵力は必要ないのです。

この航空兵力やら、海上兵力は、在韓米軍以外の、本土から来る、あるいはグアムから来る、ハワイから来る、日本から行く。韓国の主権を侵さないで、韓国の領土、領空、領海を侵さないで、進入できるのです。だから、韓国政府の賛同などなくてすむのです。韓国軍が許可しようがしまいが、そういう猛攻撃になったら、韓国軍も否応なく38度線に主力を張り付けるでしょう。さすがに、やらざるをえないからです。たとえ文在寅大統領だとしても。

渡邉　仮に文在寅大統領が撤退を命じても、軍隊が言うことをきかないと思いますよ。そのくらいの良心はさすがにあるでしょうから。

野口　たしかに、軍はエリートの集団だし、まともな人もいると思います。だから、軍の高官が、「われわれにはとても世界最強の米軍を指揮する能力がありません」と戦時作戦統制権を韓国政府が返すように要求してきた従北サヨク政権の愚行をひっくり返しつづけている。それくらいの良識はある。しかし、一部は逃げるでしょうね。

アメリカの対韓疲労

野口　戦時作戦統制権とは戦時に軍の作戦を指揮する権限で、現在、韓国の戦時作戦統制権は米韓連合司令部が有しています。言い換えれば、韓国軍は米軍の指揮下で軍事行動を実施し、単独で自軍を動かせない。韓国は従北左翼政権になると戦時作戦統制権を返せといって、保守政権になると「やっぱりアメリカさんが指揮とって」と、姿勢がコロコロ変わってきた。

韓国は、早晩、従北左翼に乗っ取られてしまうのではないか。彼らの主張は、一貫していいます。つまり、北と仲良くなって、連邦制でも、国家統一でもいいから一緒にやっていくんだと。従北左翼の色濃い人たちに、フラフラしている一般の韓国人たちは飲み込まれる。こういう構図は火を見るより明らかですよね。

渡邉　またぞろ韓国がその作戦統制権を、米軍から韓国軍へ移管すると表明しましたね。韓国国防部は10月12日、米軍から韓国軍への有事作戦統制権移管後に有事の合同作戦を指揮する「合同軍司令部」の編成案を、27～28日に開かれる韓米の軍事委員会（ＭＣＭ）と安保協議（ＳＣＭ）で承認する方針を示しています。

つまり、「米韓合同司令部」が廃止されることになるわけです。軍隊の統制権については、盧泰愚（ノ・テウ）政権のときに、兵士の統制権はアメリカ軍が韓国軍に返しました。戦時作戦統制権に関しては、盧武鉉（ノ・ムヒョン）政権でアメリカに盧大統領が渡ったときに2012年返還で、合意がなされたんだけれども、その後、李明博（イ・ミョンバク）政権になると、韓国では統治ができないということで、2015年末の返還に延期してもらった。朴槿恵政権でも、やはり同様の理由で延期をされた、というのがその経緯なんですね。

野口　まるでキャッチボールですよね。私はこれを、アメリカの「対韓疲労」と呼んでいます。返せって言ったから返しているのに、またやっぱり預けますって……そのキャッチボールを文在寅政権もやろうとしています。

渡邉　これまでもこれは政治の道具に使われてきました。しかし、今回違うのは、韓国側はそれに代わる計画を策定していることにあります。「米韓合同司令部」が廃止された後、韓国側は韓国の合同司令部をつくるとし、司令官は韓国で副指令は米国というわけです。常識的に言えば、米国軍が韓国軍の司令の下に置かれることはありません。

しかし、ここには大きなレトリックがあります。返還後に作られる「合同司令部」はあくまでも韓国軍のものであり、アメリカが主導するものではないのです。つまり、韓国軍の司令部に協力するというかたちでアメリカは、米軍の情報将校を貸与するという形式をとれるわけです。

野口　いま、米韓連合司令部は、在韓米軍司令官（大将）が連合軍司令官を兼務して戦時作戦統制権を行使し、連合軍副司令官には韓国軍の大将が就いている。仮に戦時作戦統制権というのを韓国が握るとしても、世界最強のアメリカ軍を指揮できるわけがないじゃないですか。それで、韓国軍が指揮をとるのであれば、38度線にはりつくのは、完全に韓国軍の仕事になって、抑止力とか、「緒戦での応戦」は全部韓国軍の担任になるんですよ。そんなこと、あなた方にできますか、という話です。

もっとも、もしかすると、文在寅大統領は「緒戦での応戦」など微塵（みじん）も考えていないのではないか。考えているのが「韓国の北朝鮮への引き渡し」だとすれば、北朝鮮と同時に文在寅政権も退場させることになる。

渡邉　ですからここに、韓国とアメリカの大きな認識の差があるわけです。韓国としては在韓米軍を含め、これまでどおりの条件で、米国軍を指揮下に置くことを夢見ているのでしょう。しかしアメリカとしては、韓国からの陸軍の撤退の理由に使えるわけです。アメリカはこれまで、在韓米軍を縮小し、首都ソウル周辺をはじめとした韓国内の基地をも縮小し続けてきました。そして、釜山に集約してきたわけです。これで釜山への完全撤退の建前が揃うのです。

したがって、私はこれが合意に至る可能性は高いといえます。米国は北朝鮮への攻撃のための準備を整えています。ここで一番の問題になるのは、リスクにさらされる北朝鮮に近い基地とその軍人及び家族であったわけです。軍事衝突が発生した場合、彼らが危機にさらされる。ですから、釜山への引き上げは渡りに船であり、米国にとっては、空と海からの攻撃をしやすくなるのです。

韓国は国家として約束を守らないということを、いままで日本にやってきて、日本はそれを許してしまった。同じことを韓国はアメリカとか他の国にもやりはじめて、他の国もウンザリしはじめているわけです。日本人は、ブチ切れた時は怒るけれども、我慢のしきい値が高い。しかし、欧米人は我慢のしきい値が低い。すぐに頭に血がのぼりますから。韓国は、やっていいこと、やってはいけないことも、理解できていない。

際立つ日本の職人芸

野口　潜水艦のスクリュー・プロペラってものすごく大事なんですよ。東芝機械ココム違反事件（1987年に東芝機械がココムに違反して旧・ソ連にNC工作機械を輸出した事件）の取材をしたとき、逮捕される前に犯人の1人をインタビューしたことがありますが、ハニートラップが原因でした。自分の感情を抑えられなかったくらいきれいな女性だったといいます。

あれも、工作機械を東芝が第三国経由で輸出したのは、潜水艦のスクリュー・プロペラを精巧に研磨するために必要だったのですね。プロペラに1カ所でも傷があると、ソナーで聴いている人間が、「あ、これは日本の潜水艦ノグチだ」「ワタナベだ」という具合に、分かってしまうのだそうです。潜水艦の大きさばかりか、艦名までわかる。その傷が、韓国の潜水艦には、151カ所もの亀裂(きれつ)が見つかった、と。1カ所でもだめなのに、151カ所です(笑)。

余談ですけれど、なんで在日米軍が自衛隊を信用するかというと、たとえば、ソナーを聞く能力なんて、米海軍よりも自衛隊のほうが、確実に上なのです。この道二十何年という下士官が、一生これをやっているわけですから。私も、ソナーを聴いたことがありますけれど、判別できないんですよ。聞こえても、イルカの鳴き声だったりする。そっくりなんです、スクリュー音と。でも、そういう下士官には、プロペラの傷の音がちゃんと聞こえている。そういう人は、子供をプールに連れていったりすると、必ず耳鼻科にいって、耳のケアをする。そのくらいの、職人芸なわけです。

日本の海峡には、警備所といってコンピューターに連動した大きな望遠鏡があるんですね。彼らのなかには、コンピューターの画面を見て、普通は霧で何もわからないところを、「これはロシアの軍艦の何々だ」と当てるのです。見えないものが見える人がいる。そのぐらい、日本の職人技ってすごいんです。これは、帝国陸海軍以来の伝統ですね。アメリカみたいに、ハードソフトだけに頼っていなくて、人間ソフトに頼っている。この職人芸には、さしものアメリカ軍も感服せざるをえないわけです。

お笑い韓国軍

野口　在韓米軍が韓国軍を信用していない理由のひとつは、稼働率です。韓国軍は、稼働率が極めて低いため、故障して飛べない戦闘機がゴロゴロある。

自衛隊であれば、稼働率が8割切ったら怒られるし、7割切ったことはないでしょう。いつも、9割以上の稼働率を誇っていますから。韓国の場合は、4割ともいわれています。要するに、海空の兵力は半分以上使えない。陸上の重火器も、おそらく稼働率は相当低いでしょう。

渡邉　F15の「共食い整備」という話があります。壊れたところを他の機械からもってきて、検査のときだけ通すと。その共食い整備でさえ、F15の稼働率が3割を切っているというのですね。

野口　韓国軍はドイツ製の潜水艦をもっている。ドイツは当然ながら、自国で使っているものより、能力の低いものしか外国に売りません。ただし、それでも川崎重工や三菱重工でつくっている潜水艦と比べてもなかなかの能力です。しかし、稼働率が悪い。

韓国海軍の潜水艦はドイツが開発し、韓国企業が組み立てるが、韓国側の瑕疵(かし)などでトラブルが続出しています。なんと韓国企業がつくった潜水艦は、潜れない。

たとえばドイツは、ボルト1個にも「このくらいの強度を」と求める。独企業の締め付け強度要求を満たさぬボルトを韓国企業が製造し、艦橋と甲板を固定するボルトが緩んだり折れたりする。だから「締まりのない潜水艦」と私は名付けたわけです。

お粗末なモノづくりの原因の一つは、韓国では中小企業が育っていないからです。国民も財閥も職人という大切な職業を軽蔑(けいべつ)しているのです。財閥が、そんな細かいところまでつくるわけがない。だから、技術も、製品も、みんな借り物ですよ。

渡邉　海外からもってきたものを、そのままライセンス生産すればいいんですが、独自仕様といって勝手につくっちゃうからトラブルが続出するのです。

建造中に沈んじゃった潜水艦があって、そのまま上がってこない。

K1という戦車も、重心が悪くて、主砲を撃つとコロッと転がる。

韓国のF15戦闘機。米軍のB2とともに北朝鮮の国際空域を飛行していた
©SKDM / Polaris/amanaimages

この前できた新型戦車K2の主砲も、だいたい3割くらいしか弾が出ない。これで、運用が中止になった。お笑い韓国軍って、ネタがいろいろあるわけです。

野口　自称自国産であるジェット練習機T-50や派生型の軽攻撃機FA-50なども レーダーの能力が著しく劣る「視界不良品」で、輸出先でトラブル続きです。極めつけは、契約を破りドイツ製の潜水艦やアメリカ製兵器のブラックボックスを分解し、元に戻せなくなったことでしょう。あろうことか、私の情報だと、日本企業に戻し方を打診して断られたという話があるんです。

渡邉　朝鮮日報で報道されているのは、アメリカ軍のブラックボックスを1回開けて戻せなくなって、日本の企業に打診したけれど、ブラックボックスを開けると、アメリカ軍に通報される仕組みになっているからと断られた。それを1回ならまだしも、2度、3度とやって、それがグローバル航空を売ってもらえない理由になった。

先進国で、これだけ近代化した時代に、徴兵制があること自体が間違っているんですよ。兵士のレベルが低いということですからね。

軍にはびこる間違った民主主義

野口　韓国に民主主義が根付いていない、とつくづく思うのは――日本もいろいろなタブーがあるから、言えた義理ではありませんが――韓国の軍隊で、猛特訓がいけないとか、上官を「おじさん」と呼びなさいとか、そこまで規律が乱れています。

韓国では受験戦争が激しいから、男の子を過度に大事にする。過保護に育てられた青年が、軍隊を脱走してしまったり、あるいは体力的に追いつかなくて挫折(ざせつ)してしまったり。そういう人たちが、ミカン箱のなかで腐ったミカンが伝染するように続出している。いまの韓国軍の士気はかくも低い。

渡邉　韓国は軍だけでなく国家全体が同じような状況なのでしょう。結局、産業やいろいろなものが発展しない理由も、それと表裏一体です。

徴兵制で若い時代を一定期間奪ってしまう。そうすると、科学分野とか、頭がやわらかいうちに学ぶべき基礎的研究がまったく進まない。それも、徴兵制が招いている弊害です。そういう国家であるなら、完全に軍閥的なことで、国策として軍事開発をきちんとすればいいんですが、それはやらずに、サムスンなどの財閥にやらせてしまう。

野口　韓国軍の兵器体系というのは、めちゃくちゃなんです。ただ、日本の自衛隊がもっているものが欲しいだけですね。普通は、現在置かれている国際情勢、あるいは北朝鮮との関係などを見極めたうえで、戦略を練って、兵器をつくるなり、買うなりするわけでしょう。ところが韓国軍はそうじゃない。一例を挙げると、原子力潜水艦までつくろうとしていますが、あんな朝鮮半島の浅瀬の海では、まったくお話になりません。相手は敵の特殊潜航艇とか、小型の潜水艦なわけです。ならばそういうものに対抗しなければいけない。大型の潜水艦は、小回りが効かないんですから。

イージス艦は、日本とアメリカがもっていればなんとかなるじゃあないですか。それより大切なのは、北朝鮮の高速の特殊工作船はじめミサイル艇とか魚雷艇を駆逐するために、小回りを優先させなくてはいけないのに、韓国の優先順位は大型軍用艦艇で、いたずらにイージス艦を欲しがる。日本がもっているという対抗心のみが背景です。

ボロボロの朝鮮人民軍相手に、Ｆ15Ｋくらいあってもいいかもしれませんが、もっと必要な装備があるだろうに。いくら豪華な品を揃えても、稼働率は悪くては本末転倒です。

渡邉　いちばん笑っちゃうのは、見た目がいいからということでイージス艦の主砲を高いところにもっていって、レーダーを下に置いたんですね。最初の設計は、レーダーが上にあって、主砲が下にあったのに。おかげで、レーダーの画像に主砲のゴーストが出てしまって、どこに敵がいるかわからない。さらには、主砲を撃つと、本体の後ろの後方甲板に当たってしまうという。

韓国で開発中のＫ２戦車をベースにトルコと共同開発しようとしましたが、結局トルコの戦車アルタイのほうが早く完成してしまいました。Ｋ２の駆動部はドイツのフォルクスワーゲンで、納品までに自国開発するという話でトルコに売ったのですが。

Ｋ２戦車の開発が遅れている最大の要因は、エンジン・変速機を統合した「パワーパック（動力装置）」と呼ばれる中核コンポーネントの国産化がうまくいかなかったからです。結局、パワーパックをつくることを諦めて、ドイツから輸入して側だけつくることにしました。側の砲台自身も稼働率３割という、とんでもない状況になりました。

朝鮮人はなぜ差別されるのか？

野口　朝鮮半島にまともで強い国があれば、日本も楽ができたでしょうね……本当に引っ越したい。こんな朝鮮半島の目と鼻の先から。

渡邉　韓国が発展できた原因はただひとつ、日本の隣にあったから、それ以外の何物でもないです。朝鮮通信使のときも、大陸からの文化文明であって、韓国の文化文明ではないのですよね。

野口　韓国の潜水艦は、伊藤博文を暗殺した「安重根（アン・ジュングン）」などと、テロリストの名前を付けている。伊藤博文は、韓国統監だったけれども、「日本に国力がないから、あんな貧乏国家背負いたくない」と、むしろ併合を反対する立場だった。しかし、安重根というトンチンカンなテロリストが、何を間違ったのか暗殺してしまった。それで、併合が加速化してしまったわけです。そういう、おかしなテロリストの名前を、軍用艦につけるというのは、普通は考えられないです。それは、いかにこの国に英雄が少ないか、ということを示しています。日本で教育受けた、優秀な将校、将軍、2個中隊で1個師団殲滅（せんめつ）したようなすごい人がゴロゴロいたわけですよ。しかし、そういう英雄はみんなパージしてしまった。だから、艦名につける名前がないのです。

福澤諭吉先生は脱亜論「朝鮮人民のために其国の滅亡を賀す」『文明論之概略』でこう言っている。

過去に拘泥し、国際紛争でも「悪いのはそっち」と開き直って恥じない。この2国に国際常識を期待してはならない。国際法やマナーを踏みにじって恥じない2国と、隣国ゆえに同一視されるのは一大不幸。2国には国際の常識・法に従い接すべし。国交は別として気持ちにおいては断交する。大国に擦り寄り右往左往する事大主義、国家に挺身する憂国の志士の少なさは、国家を滅亡させる――と。

この最後の部分が、要するに軍用艦艇にテロリストの名前しかつけなきゃいけない理由のひとつです。それだけ憂国の志士がいない。

渡邉　まあ、だから国家観というものがないんですよ。その点、北朝鮮は、指導者自らを神格化しましたから。その点だけは、よく考えたと思いますよ。

野口　わずかでも戦っていますからね。もっとも、金日成が対日抗戦の頭目だったか否かは疑問だらけですが。

渡邉　朴正熙大統領も韓国では尊敬されていない。まがりなりにも、「漢江の奇跡」をなしとげた立役者なのですが。過去を尊重しない国なので、「使い終わった」で終わっちゃう国なのです。

野口　しかも、それを説明したら日本の支援が公になってしまうわけです。日本が食うや食わずのときに支援したんだから。

渡邉　現在において、過去を利用することはあっても、過去を尊重することはしないですよ。たとえば、いい歴史でも、悪い歴史でも、歴史は歴史であって、事実は事実ですよね。しかし、韓国にとってはそうじゃなくて、この過去にあった事実が、いま利用できるかどうかがすべてなのです。

捏造（ねつぞう）と粉飾の嵐（あらし）

野口　韓国の歴史観は、「あるべき」史観にすぎません。事実などはどうでもいい。だから、捏造と粉飾を恥ずかしげもなく繰り返す。韓国の建国史はこうあるべきだ、と。おもしろいですよ。これは「『反日空想』の慰安婦・徴用工像は増殖　帝國陸軍教育を受けた英雄の像は撤去　福沢諭吉もサジを投げた国」（8月28日付『産経ニュース』「野口裕之の軍事情勢」）という原稿のなかに書いたのですけれども、韓国は日本と戦争して独立を勝ちとったと大嘘をついているわけですが、その中で最大の戦闘は「青山里（チョサンリ）の戦闘」だという話をすぐにもち出すんです。

　1920年ころのことです。当時、満州東部からロシア沿海州南西部にかけては、朝鮮人が多数移住していました。深い森林が多く、朝鮮総督府の支配も届かなかったため、無頼の朝鮮人や中国人による匪賊（ひぞく）・馬賊の格好の根拠地となっていたのです。なかには、越境して朝鮮半島北部の町村を襲撃する者も多く、無辜（むこ）の朝鮮人らへの略奪が繰り返しおこなわれました。

　折柄、銀行券の略奪や、日本領事館は焼き打ちされ、女性や子供を含む13人が殺されるという事件が起こり、大日本帝国陸軍と中華民国軍が本格的掃討に乗り出したのです。

　匪賊・馬賊の類と協力して帝国陸軍と戦ったのが、日韓併合に不満をもつ抗日武装集団・北路軍政署の頭目金佐鎮（キムジャジン）（1889～1930年）です。

　でも、金佐鎮が歴史上満足に顔をのぞかせるのはわずか1週間ほど。1920年の青山里の戦いは、日本側の複数の資料によると、「帝国陸軍の戦死11（将校の戦死ナシ）・負傷24。敵側の戦死130・死傷90以上・逃亡200」です。

　これに対して、韓国側は帝国陸軍の被害を次第に誇張しはじめ「戦死の加納信暉・連隊長以下3300人殺傷」と言い出した。11人が3300人になっちゃった。おもしろいですよ。それに、戦死したはずの加納大佐は、戦闘後の1922年まで連隊長を務め、23年に予備役に編入されているのですから。

まだあるんです。金佐鎮の生家が1990年以降、徐々に徐々に聖域化事業を拡大し、家屋や門を復元し展示館を建設。祠堂(しどう)や駐車場など2880平米を造成した。ところが、この金佐鎮は、ついに日本に投降しているんですね。

追いつめられて、金以下600人は武器資金の欠乏で武装解除し農民に転向せんと、あろうことか資金援助を日本領事館に申し入れて、日本領事館は難色を示して断ったんだけども、おとがめなし。そのくらい目に入らない存在だったんです。普通逮捕して銃殺でしょ？　いいよ、いいよ、もう勝手にやって――みたいな、その程度の小物なんですよ。

要するに、さっき言ったこの金佐鎮というのは、ロシア沿岸部から満州、北朝鮮にかけて荒らしまわっていた馬賊や匪賊の頭目です。それを独立の英雄としてまつりあげて記念館までつくって、連隊長以下3300人を殺したと言っているんですが、日本側の資料は複数資料で11人。300倍です。連隊長まで殺したんですよ。予備役編入されている連隊長まで。おもしろい国です。ここまでいくと、おかしいやら悲しいやらでしょ？

渡邉　2006年に朝日新聞が書いているのですが、韓国にカムジャタンというジャガイモの辛い鍋(なべ)があるんですね。これを韓国人が、1000年以上前に南部で生まれた鍋だと言っていると、それを朝日新聞が書いている。ジャガイモは、江戸時代にまず日本に渡来し、本格的に普及するのが明治以後で、川田男爵の尽力などがあるわけですから、東アジアでは100年も歴史がないわけです。で、その鍋には唐辛子が入っているんですが、唐辛子も南米産ですからせいぜい豊臣秀吉あたりまでしかさかのぼれないはずです。

野口　剣道も寿司も全部韓国生まれと言い出している。

渡邉　ピザまで韓国起源だと、いま言っています。

野口　韓国の建国神話の中でいちばんおもしろいのは、これ南北で共通しているのですけど、帝釈天の子が白頭山（パクトゥサン）に降臨し、メスのクマと結ばれて檀君（タングン）が誕生した、と。普通はそういう神話はつくらない。

渡邉　「山葡萄原人」とかいろいろあるんです。おもしろいから。あれはあれでおもしろくてファンタジーでいいんでしょう。

野口　捏造粉飾がすごい。

渡邉　ですからね、捏造粉飾というよりも、文字がなかったから仕方ないんですよ。すべて口伝え、口承ですから。

野口　だって、韓流映画の時代映画を見ると、きらびやかな色つきの衣装をまとっているけれど、実際は、着色の技術がなかったというじゃないですか。

渡邉　白装束ですよ。白しかないし、経産婦で男の子を産むとおっぱい出して歩いていた。

野口　そうらしいですね。

渡邉　乳出しチョゴリって。男の子を産むと、それが名誉だからといっておっぱいを出していいと。

それを、明治政府が禁じました。そこで「病身舞」なんていうのもありますね。病気の格好をして、白装束で舞う踊りとかですね。異文化です。

そんな韓国というか朝鮮を日本が併合してしまったのがそもそもの悲劇です。

野口　本当は負担だったんですよ。けれども、大国にしっぽを振り、大日本帝国と敵性大国の間を行ったり来たりする信用できぬ事大主義国家を抜け出せぬ大韓帝国に耐えられずやむをえず併合に舵(かじ)を切ったのです。それこそ北朝鮮を在韓米軍との緩衝帯にしたいと願う、いまの中国の気持ちは、わかりますね。大日本帝国も清国(しんこく)とロシアとの緩衝帯にしたかったわけです。半島をとられたら、次は日本ですから。

渡邉　だから、情けは人のためならず、だったのでしょうね。

韓国でオリンピックができない理由

野口　韓国は2018年2月に平昌オリンピックを開催しようとしていますが、私はリスクだらけではないかと思います。

渡邉　2つの要因があると思います。ひとつは、北朝鮮要因。北朝鮮が攻撃をするとすれば、オリンピックの期間中に、ソウルなり平昌なりを攻撃する可能性が非常に高いですね。なぜかというと、外国人がたくさん来ていて、要人まで来ている。この状況で、人質を大量にとれれば、国際的に、世界を相手に、喧嘩(けんか)ができる。北にとっては間違いなく大きなチャンスです。これがまず、リスクの1点。

オリンピック前にアメリカが北朝鮮を攻撃して、半島情勢がある程度見えて、それで韓国側に影響が出なければ、オリンピックは通常どおりおこなえるでしょう。ところが、現状がずうっと続いて、徐々に徐々に劣化、悪化していったまま、2月のオリンピックを迎えた場合、国際的な選手団を出せるのか、という問題がまず、ありますよね。

野口　フランスをはじめとして、欧州の一部の国から不参加の可能性を明らかにしています。

渡邉　もうひとつの理由は、韓国側の要因で、まず工事が間に合っていない。オリンピックの設備が間に合わないというのは、いつもあることなんですが、今回は韓国なので、本当に大丈夫なのか……と懸念されている。

本来は、2017年の4月にできていなければならない新幹線も、施工不良などで早くても同年の10月から12月になるといわれている。平昌は、ソウルからかなり距離がありますから、そこまで行くだけでもまず大変。ソウルから平昌への直通新幹線の予定であったのが、乗り換えみたいな格好に変わりまして、それでも４時間近くかかるわけです。そんな理由もあって、韓国内でもまったくチケットが売れていない状況です。

財閥もそっぽを向いた

野口　オリンピックのチケットを財閥に大量に買わせようとしたのだけれど、文在寅大統領が財閥改革をやるとかいったものだから、そっぽ向いているわけですよ。従北左翼のおかげで、朴槿恵大統領と財閥の関係も槍玉（やりだま）にあげられて。まだ、資金が足りませんから寄付をもっと募らなければならないのに、財閥のほうが嫌気をさしているという状態です。あそこの国から財閥をとったら、何も残りません。韓国－財閥＝0。

渡邉　ＧＤＰの約７割を十大財閥がおさえているというのが韓国で、もともと平昌オリンピック自体がサムスンの李健熙（イ・ゴンヒ）が誘致したのです。日本でトヨタが愛知万博をやりましたよね。これに対抗するぞ、と李健熙が必死に金をばらまいて平昌にオリンピックを誘致した。当初は、「サムスンオリンピック」にする予定だったそうです。ところが、誘致が決まった２０１４年に李健熙が急性心筋梗塞により意識不明で倒れて、以来どういう状態なのかもわからなくなってしまっている。本当はなんとか生きているうちに、サムスン財閥を息子に移譲するために、朴槿恵大統領に金を使って、第一毛織という持ち株会社を統合し、相続税で持っていかれない体制をつくろうとしたところ、これが問題だと槍玉にあげられた。そんなわけで、サムスン自身が、いまの実質オーナーが逮捕されている状態で、韓国に金を出すような状況ではないわけですよ。

韓国の二大財閥というと、もうひとつは現代自動車なのですが、大変な状況になっています。現代自動車の海外展開が、アメリカもだめ、ヨーロッパもだめ、というなかで、新しいマーケットとして中国に積極的に進出してきた。ところがここにきて、中国人が豊かになってきたものだから、現代車を買わないで、日本車やドイツ車を買うようになってきた。ただでさえ落ちているところに、ＴＨＡＡＤ問題がからむ民意もあって、「韓国の車なんか誰が買うんだ」という話になってしまって、一気に現代自動車の中国での売り上げが低下してしまった。その影響で、現代はいま大変なことになっているのです。現代の中国事業というのは合弁なのですが、下請け会社に部品代さえ払えなくて、自動車生産が止まってしまった状況だったのですよ。

韓国は韓国で、親北派というか、真っ赤々な労働組合が——韓国の場合労組がものすごく強く、特に造船や自動車系は強烈なのですね――彼らがどんどんストをやって、そのせいで、去年などは2割近く生産目標に達していない。今年も、ゼネストをおこなっている状況です。かといって賃金が安いかというと、そうでもなくて、韓国は、財閥天国で、一般は日本の平均賃金の半分くらいなのに対して、財閥系企業は日本の平均賃金より高い。自動車企業で比べると、世界で最も生産コストが高い自動車会社になりつつある、というのがいまの現代の状況です。

したがって、現代もお金が出せない。愛知万博のことも絡んでいるのでしょう、トヨタが嫌がらせをして、２０２２年まで10年間のオリンピックのトータルスポンサーを買ってしまっているので、現代自動車がスポンサーになりたくても、トヨタがメインスポンサーでついているので、現代の金は入らないんですよ。

ロッテはロッテで、中国の事業が、ＴＨＡＡＤ問題で全面的におかしくなってしまっている。すでに身売りの話が出ている状態です。そして、相続の問題で、日本でも、韓国でも、当局との問題をかかえている。ソウルのロッテの資金が韓国に渡って、韓国ロッテというのができたのだけれど、日本側も韓国側当局も、このときに、不正な送金があったのではないかと捜査を進めている状況なのです。日本の税務当局からも、韓国の税務当局からも、目をつけられていて、さらに相続問題が絡んでお家騒動が起きている。

こうした状況をそれぞれにかかえていて、三大財閥がオリンピックに金を出せないんですね。そうなってくると、LG(ラッキーゴールドスター)グループとか、SKハイニックスなどに頼らざるをえないわけですけれど、どちらも三大財閥に比べたら、2番手、3番手で、そこまでの資本力はないものですから、やっぱり金が出てこない。

結局、どこからも金が出てこない、という状況になっている。スポンサーがいない、チケットが売れない、会場も未完成のところが多すぎる——と、ないないづくしなのです。

会場の根本的不安

渡邉　さらにいえば、たとえ完成していたとしても、その設備が、オリンピックに使用に耐えられないものが多いのです。たとえば、カーリング会場としてつくられたスケート場があるんですけれど、コンクリートがひび割れしていて、凸凹があって、カーリングに使えないということで、再改修しています。本来、夏までにできて、韓国のカーリングチームがホームグラウンドにして練習することによって、良い成績が出せる——という予定だったものが、いまだに改修中で、10月中に改修が終わるかさえもわからない。メイン会場になる予定のスケートリンクも、リンクの真ん中の上に大きな液晶パネルがあるのですが、プレオリンピックの直前に、その液晶パネルが落ちてきた。

また、スケートリンクの上に送風扇がたくさんついている風の設備があるのですが、これがリンクに向かっていて、速いスピードが出るんじゃないか——など、さまざまな問題がある。これらが、オリンピック直前のテストに合格するかがわからない。

野口　じつは私は政治部から運動部に出向したことがあるのです。大学時代に体育会でアイスホッケーをやっていたのと、入社後の振り出しが長野支局だったので、長野オリンピックのときに、オリンピックキャップだったのですよ。

そのとき、大変驚いたのですが、オリンピックの国際競技団体の、基準はものすごく厳しいのですね。たとえば、宿泊施設のホテルのベッドが、アメリカのプロのアイスホッケー選手が寝る基準に合わないと、取り替えさせられたことがあった。そのように、各競技団体別に、ものすごく基準が厳しい。だから、きっと韓国のことだから、今回のオリンピックでも基準違反をたくさん犯しているでしょう。これは、夏も冬も次のオリンピック誘致にも響くと思います。当分、まわってこないかもしれない。

渡邉　F1がその典型で、日本がF1をやっているからどうしてもやろうということで、実際にF1のスケジュールにも入ったんだけれども、ところがサーキットが未完成の状態でオープンをおこない、サーキットの周辺にホテルもなく、選手がラブホテルに泊まらせられた。2年くらい開催したけれど、結局大赤字で、設備も悪いということで、F1団体のほうからもクレームが大量について、3年目くらいで中止になったんです。

韓国の生殺与奪の権を握る「財閥」の闇

野口　韓国は財閥がすべてで、財閥の経営状態がGDPにまで影響してしまう。そのために大学生は、財閥に入るために猛勉強するわけです。受験地獄ですね。受験戦争がひどくて、自殺者まで出ている。財閥に入るための予備校まである。

そういうことが、社会不安を呼び起こしているわけです。韓国大使だった日本の外交官が、「韓国人に生まれなくてよかった」と言っているくらいですから。それほど、財閥が韓国経済に与える影響が大きく、また社会に与える不安材料も大きい。「韓国の生殺与奪の権を握っているのは財閥だ」と考えてもいいくらいです。だから、北朝鮮のテロリストが、韓国の財閥を狙って次々と潰していったら、軍を潰すより手っ取り早いかもしれない。

渡邉　そうでなくても、サムスンをはじめとした韓国の財閥も、韓国に見切りをつけています。韓国のGDPの7割は財閥なのですが、生産工場をどんどん海外移転しているんですね。サムスンなんか、ほとんど海外移転している。韓国の資本は3割くらいしか入っていないわけですから、資本的には欧米に乗っ取られて、生産拠点も脱韓国になってきている。

野口　税金を納める先は外国？

渡邉　税金を納める先も外国になるし、韓国政府の補助金をつけていて、輸出輸入などに対するかなり恩恵的な納税をしていた。もっとはっきり言うと、税金払わないで、補助金づけのためにあるような会社だった。これがいま、財閥のほうも厳しくなって、補助金づけがなくなってくると、今度はそういう企業が、どんどん海外に流れていく。オンリー韓国である必要がないわけです。

たとえば日本の場合は、日本人の技術者がいて、安定した電力と水というインフラが揃っていますよね。

原発問題のときに馬鹿なことを言う「識者」がいて、電力を総量で問題にしていた。電力というのは、品質が大事なのです。ノイズが入る電力って、CPUなどには使えない。CPUをつくるには、電力にコンマ10万分の1秒のノイズがあっても、だめになってしまうので、集電防止装置というノイズが入らないような装置をつけてやっている。日本の場合はかなり高品質なのですね。韓国は、もともとの電力の品質が悪いのです。だからサムスンなどは、自家発電を使っていたりするのだけれど、それもあんまりコストが合わない。

そうなると、「じゃあ、韓国でつくらなくてもいいじゃないか」と。韓国を捨ててしまうわけです。

第3章

暴走する北朝鮮の黒幕は中国かロシアか

韓国が盗み、中国に流れる

渡邉　少し前に、中国の潜水艦が日本近海まで航行した事件がありましたが、そのときにアメリカ軍がずっとそれをチェックしていて、半日間ピンをあて続けたという事件がありました。トナーでピンをあてると、ドラム缶のなかに入れられて、周りから叩かれている状況になるんですね。何日もやられると、気が狂ってしまう。なぜこれができたかというと、中国は精密なスクリューがつくれないから、どうしても航行音が出てしまう。航行音は追いかけることができる。だからこういうところにも、日米の海における優位性がある。見えないものがつくれないのです、中国も、韓国も。日本は、見えないものがつくれる。こういう技術が、よそに流れるというのが非常に危険ですね。特に、韓国はどうでもいいけれど、韓国の先にある中国に流れるのは怖い。

野口　つくれなかったら、盗めばいい、という発想ですからね。

渡邉　新日鉄の特殊電磁鋼板がそうですね。新日鉄の特殊電磁鋼板をポスコが盗んだ。で、ポスコの技術を、中国の製鉄会社が産業スパイをして、買ったといわれている。それで、ポスコの社員が捕まっているんです。韓国に盗まれて、韓国だけだったらまだいいですが、結果的に中国にまで流れちゃう。これが、大変危険。たとえば東芝の原子炉、制御盤の設計図も斗山という韓国の企業が盗んだといわれています。それも、結果的に中国に渡っている。

スパイが横行するアメリカと日本

野口　アメリカ国内でも北朝鮮系はさほどではありませんが、中国系のスパイがすごいです。中国系の数の多さは、大学教授、学生、孔子学院含めて全部スパイ性をもったものだと思っていいですね。孔子学院は表向き、中国が海外の大学など教育機関と提携し、中国語を教えるなどの文化教育活動を行う公的機関とされています。しかし、スパイ活動もおこなっているとされアメリカのＦＢＩ（連邦捜査局）の監視対象になっています。アメリカで学んだ科学情報を本国にもち帰っていますから。

中国の兵器技術情報収集の教範「西側軍事科学技術の収集利用に関する中華人民共和国の長期計画」にはこうあります。

「４０００の団体が政治・経済・軍事・医学・社会・教育・文化など、あらゆる正面で収集に当たる。洗練されたプロではある必要はなく、スパイ教育を受けた各分野の専門家で、一度に大量ではなく、少しずつ情報を集めるやり方が肝要だ」

つまり、1人の〝アマチュア〟が「1粒の砂」を集めてきて、組織全員で「バケツ1杯の砂」にする手口なのです。

実際、日本でも同じことをやっています。W大学やN大学の理工学部も中国スパイの巣窟です。それらの大学を舞台に、実被害に遭った台湾系アメリカ人の軍事技術者も私に相談しに来ました。日本の通信系独立行政法人も関係していました。

最初からスパイ命令されるパターンもあるのですが、始末が悪いのは中国へ帰国してから知識や技術を提供するよう命じられることです。

お金で釣る場合もありますし、拒めば「家族がどうなっても知らないよ」と、脅してくる場合もあります。日本に留学しているときに、「本国にいる家族大丈夫？」「お母さん大丈夫？」という具合にやるケースもあるようですね。

それともうひとつ、いま大流行しているのは、資金難や待遇の悪さなど、不遇な日本人の取り込みです。大学教授やメーカーの技術者らを、大枚で釣って、夏休み休暇のときに中国へ10日間だけ呼んだりする。それでまずその人の値踏みをして、「定年退職したらうちに来てよ、8000万円でかかえるから」と誘う。そして滞在している間にハニートラップにかけるんです。ひっかかった日本人は定年退職してから、ごっそり知識と、場合によってはソフトウエアをもって、中国に出る。そういう人たちがいまいっぱいいます。

渡邉　その手の類（たぐい）がたくさんあるので、企業側も企業防衛を始めようとしていますね。守秘義務で、退職後何年間は情報を出したらいけないとか、実際にスパイ案件で逮捕されているケースもあるんだけれども、いまいちばん問題になるのは東芝だと思います。東芝は最先端の技術を大量にもっていますが、ご承知のように会社の存続が危うくなっているので、膨大な引き抜きがおこなわれている。トヨタが引き抜いているなんて話はたくさん聞こえてきますが、それはともかく、中国企業は大問題。特に東芝は防衛企業なので、非常にリスクが高い。

野口　日産がルノーと提携し、カルロス・ゴーンを最高執行責任者として迎えたとき（１９９９年）には、ミサイル部門を切り離したんですよ。そういうのが企業の「倫理」「節度」です。西側諸国でさえそうなのに、ましてや中国に対しては、です。

危険水域に達した中独蜜月（みつげつ）

野口　その点ひどいのがドイツです。これは「中国の宇宙制覇に手を貸すドイツ」（7月17日付『産経ニュース』「野口裕之の軍事情勢」）にも書きましたが、「親中国病」は悪化の一途をたどっている。

軍事関係の、たとえばＦ35の機体製造技術の一角を占めるドイツのロボット大手・クーカが、中国家電大手・美的集団（ミデア・グループ）に買収されています。あきれたことに、ドイツ政府は２０１６年に「買収は安全保障に危険は及ぼさない」として不介入を表明しました。さらに、アメリカの対米外国投資委員会（ＣＦＩＵＳ）と国務省・国防貿易管理局（ＤＤＴＣ）がその４カ月半後、美的の子会社を通じたクーカ買収を承認したときには、愕然としました。これにより、わが航空自衛隊で２０１７年度中に配備がはじまるＦ35の機密も漏れ出す懸念があります。

中国企業は、少なくとも２０１６年前半の半年間、１週間に１社のペースでドイツの先端メーカーを「爆買」しまくり、買収総額で過去最高を記録していますよ。

ドイツの半導体製造装置メーカー・アイクストロンの、中国・福建芯片投資基金（ＦＧＣ）による買収劇には、さすがに「待った」がかかりましたが、これはわが国政府も検証しなければならない事案でした。

それから、中国化工集団公司（ケムチャイナ）がドイツの重機大手でプラスチック・ゴム処理機器メーカークラウス・マッファイを買収したさいも、ゾッとしました。

クラウス・マッファイは、磁気浮上鉄道の業界で一目置かれる企業です。日本が実用化を目指すリニア・モーターカーなどもそうですが、磁気浮上技術は空母のカタパルト技術につながります。カタパルトは、滑走環境が制約される空母上に敷設された艦上機を射出する、パチンコでいうとゴムにあたる重要なシステムです。カタパルトの有無や性能は、艦上戦闘機の搭載兵器の数・重量や投射戦闘機数など航空戦力に巨大な影響を及ぼすのです。極めて高い技術力が必要で、空母を〝自力建造中〟の中国が開発に困り果て、アメリカなどから盗みたがっている筆頭格の軍事システムですよ。

おまけに、クラウス・マッファイ分社化後、他社との合併で再編された系列会社は、戦車大国ドイツでも屈指の戦車・自走砲メーカーとくる。

しかし、私がもはや正気の沙汰ではない、と確信したのが「航空宇宙」分野での協力合意です。ドイツは、宇宙にまで版図を拡大する中国の野望に目をつぶりました。

中国人民解放軍は２０１５年、「戦略支援部隊」を新編制しましたが、２００７年以来宇宙占領のたくらみを隠さなくなっています。というか、誇示さえしはじめています。統合作戦完遂に向け、陸海空軍に加え、サイバー・電子戦空間と宇宙における軍事的優位確立をもくろんでいる。

米軍など敵の軍事衛星を吹き飛ばし、「視力と聴力」を無力化するハラです。

また、世界に先駆けて「量子科学実験衛星」も打ち上げています。「量子通信」は盗聴や暗号解読が困難な防御力の優れて高い通信手段ですが、理論的にハッキングはまず不可能とされています。アメリカでさえ、中国の暗号通信を傍受できなくなる。言い換えれば、違法なハッキングで世界中の技術を盗みまくってきた中国が、自らはハッキングされない「独裁体制」を世界に強要するに等しい。

近い将来、宇宙ステーションや月面基地も完成の見通しが立っているようですが、特に月面基地は、核融合に使う物質の採掘が狙(ねら)いと観測されている。そういう中国の宇宙制覇にドイツはわかっていて手を貸しているわけです。

渡邉 しかし、それに対してドイツというか、EU側も少しずつ規制を厳しくしていますね。買収防止策をつくるようにして。

長い歴史で見た場合、冷戦構造下においては、野口さんが先ほどおっしゃられた東芝機械ココム違反事件のように、共産圏に対して西側の先進国は、民生品も含め特定の軍事的転用度のある物品を売ってはいけません、というルールがあった。これによって東西の壁があり、西側諸国の優位性が高まっていた。ところが、ソ連崩壊によりこれがなくなっちゃった。だから、いまふたたび、世界の構図としては冷戦構造になっているのに、経済部分においては冷戦構造の壁がまだない。これは非常に危険性が高い。軍事企業というと、EUに関しては、エアバスで大陸側の軍事企業はほとんど一体化してしまった。その技術を、どこに売って、どこに売らないとかも考えないと、そろそろいけないのかな、という時期にきている。アメリカの航空会社のものが中国に流れることはないだろうけれど、エアバス系は、当然大陸と非常に仲が良くて、フランスなんかが非常に積極的に売り込んでいますから。

野口　信じられないのは、全日空は、中国で機体の整備をしている。

渡邉　ＪＡＬもそうです。

野口　あれ、何か埋め込まれても、わからないよね。

渡邉　ＪＡＬもＡＮＡもボーイングの大型整備、いわゆるＡ整備――全部バラして組み立てる――の工場が、中国の厦門（アモイ）にある整備会社です。これは、ボーイングの下請けなんですよ。ここでやらせているので、ちょっと前に問題になったのは、県営名古屋空港が航空自衛隊と併用で、ここでワイヤーが切られた事件があった。かなり、いろいろなところに工作員が入っているんですよ。ＪＡＬのエンジンのタービンブレードが１２０枚割れたけれど、何があったか徹底的に調べないと、テロをやられますよね。

中国空母の実力

野口　気をつけなければいけないのは、伝統的に中国人民解放軍は核の先制使用をしないと言われてきたのですが、私の情報だと、ここ数年は、中国の原子力潜水艦に核・ミサイルが積まれていると聴いています。

中国核戦略の大転換は2015年11〜12月、中国人民解放軍海軍が保有する晋級弾道ミサイル搭載原子力潜水艦（SSBN）が実施した、初の「戦略哨戒任務」にハッキリと表れています。SSBNが有する最重要任務は、海中に深く静かに長期間潜む隠密性を活かした核攻撃能力です。ただし過去、人民解放軍は核弾頭とミサイルを別々に保管しており、それはSSBNも例外ではありませんでした。別々の保管は、最初の核実験の1964年以来、少なくとも表面上公言してきた「核の先制不使用」を保障したものです。つまり、SSBNの戦略哨戒任務は実任務付与であり当然、ミサイルに核弾頭を装塡したはずで、これは核兵器の「先制使用」の肯定も意味します。

「核の先制使用」とは戦端が開かれ、戦争の途中で核兵器を使用する戦略です。敵は核兵器ではなく、通常兵器で攻撃してきますが、敵通常戦力が味方を圧倒し、敗北が濃厚になると、やむをえず先んじて核戦力を投入し、劣勢を挽回（ばんかい）する、といった段階を踏むのです。

中国はミサイルの精度・射程の向上に伴い、最強の恫喝（どうかつ）手段「イザというときの核攻撃」を隠さなくなったと断定していいと思います。

渡邉　たぶん、南シナ海に進出をはじめるとき、南シナ海での進出を正当化するには、核による周辺国に対する脅しが必要で、その脅しに実効性があると思わない限り、他国は言うことを聞かない。逆にいうと、どこの国の指導者も中国に脅されたなんていうのを国民に向けてアナウンスメントしませんからね。

だから、防御するためには、うちにはアメリカの核があるよ。おたくには中国の核があるかもしれないけど、うちのアメリカの核もちゃんと機能するよ。これが、ある意味脅しに対する威嚇行為で、これで初めて力が均衡するわけですね。

こういう状況にあって、在日米軍をはじめとしたアメリカの核の傘という安全地帯に、日本がいままで入りつづけられたというのが、日本が戦争に巻き込まれなかった最大の理由です。これに対して、「憲法9条をお経のように唱えたから戦争が起きない」と言っている人たちがいる。こんなもの、戦争が起きてないという現象なだけであって、それまでの過程を無視した、前提状況を無視した議論でしかないわけだから、証明ができないんですね。じゃあ、なんで戦争がなかったかって、こんなもの悪魔の証明で証明のしようがない。

野口　いまの南シナ海の核に対する周辺諸国の威嚇という意味では、空母がそうですね。つまり、「鉄の棺桶」と呼ばれている中国の空母機動艦隊です。

あの空母は、現状では自衛隊で殲滅できるくらい、脆弱(ぜいじゃく)なものです。それでも、海に浮かぶ鉄の棺桶は、脅しとしては東南アジアの周辺諸国には効くのです。これで研鑽(けんさん)を積んでも、2隻では戦力にならない。しかし、3隻目、4隻目ともなれば、空母機動艦隊の運用というものを、艦上機にしても、上空監視のための早期警戒管制機（AWACS）にしても、潜水艦の能力にしても、立体的に空母を守るだけの艦隊ができ上がっていきますから、そのときは日本、アメリカにとっても脅威となっていくでしょう。

いまのところはわれわれにとっては脅威じゃなくても、外交の道具として威嚇するには充分な力をもっています。

渡邉　デモンストレーションですね。

野口　遼寧(りょうねい)は「ヴァリャーグ」で、ソ連崩壊後はウクライナの保有でしたけれど、ロシア時代に発注したさまざまな兵器が残っています。だからウクライナも危険な国なのです。技術者ごと北朝鮮に行っていますから。

渡邉　ウクライナはもともと、旧ソ連のなかでユダヤ人の居住区の被差別地域であると同時に、科学技術が非常に発展していて、今回問題になっている北朝鮮のミサイルもウクライナ製です。結局、ウクライナは、売るものは売春婦と軍事品しかない。だから、東日本大震災のあとに、アントノフという世界でいちばん大きな輸送機が来ましたが、あのアントノフ企業体というのもウクライナなんですね。ウクライナで売っているものは、パチモンのミサイルとか、AKのパチモンとか、あとは銃弾など。だから、世界中でウクライナマフィアはものすごく強いですね。ロシアマフィアと対抗して、いまニューヨークなんかでもかなり進出しているんですが。

それからウクライナは人身売買の拠点なので美人が多い。前の前の女性首相のユーリヤ・ティモシェンコも美人でしたが、あの人のお父さんはマフィアでアンダーグラウンドの人間です。

表向きはメディアでも、裏はポルノ産業です。カメラが一緒ですから（笑）。ウクライナは軍需産業の中核点で、すぐ隣にキエフがあってチェルノブイリがあるでしょう。

ウクライナとかブルガリアはマフィアがものすごく強い。ブルガリアも、日本だとブルガリアヨーグルトで、ヨーグルトがおいしいみたいな、キレイな国みたいなイメージがありますけど。

野口　これまで、ロシアや中国が北朝鮮にいかに人的、技術的、製品的に手助けしてきたか。

旧ソ連は1965年、北朝鮮との間で原子力研究協定を締結し、発電容量2メガワット級の実験用原子炉1基を北に提供しています。1974年に北朝鮮は、旧ソ連製原子炉の8メガワット級への拡充に成功。1985年には、両国の間で1500メガワットの高出力原子力発電所建設協定が結ばれています。

北朝鮮は金日成総合大学と金策工業大学に原子力工学部を設け、相当数の留学生を旧ソ連に派遣し、核科学者を育て上げました。1991年のソ連崩壊に伴う独立直後のウクライナに所在した核融合研究所では、数百人が研修を受けていたとの関係者の証言もあります。

現在でも、北朝鮮内の核開発指導部は、旧ソ連やウクライナへの留学組で占められています。ソ連崩壊で失業した軍や研究機関の核科学者・技術者も高い報酬・待遇でリクルートされ、一説には200人ともいわれる大勢の専門家が、北朝鮮に大挙して押し寄せたといわれています。

しかし、北朝鮮の延命に手を貸している「主犯」は中国でしょう。大韓貿易投資振興公社によれば、北朝鮮の対外貿易額も2016年、65億5000万ドル（7353億円）と前年比で4・7％伸びていますが、このうち、中国向けが9割以上を占めた。

米財務省元高官で経済制裁の立案に長年携わったエキスパートのアンソニー・ルジエロ氏も7月19日、米下院金融委員会の公聴会で、北朝鮮が2009～17年に中国の銀行を経由し、軍事転用が可能な民生品など少なくとも22億ドル（2460億円）分の取引をおこなったとの分析を明らかにしました。言うまでもなく、それが核・ミサイル開発資金の一部にあてられた可能性が濃厚です。

具体例も列挙されています。北朝鮮との国境・中国丹東（たんとう）市所在の貿易会社は2009～16年に13億ドルを、米政府の独自制裁対象＝丹東銀行は2012～15年に1億3360万ドルを、それぞれ北朝鮮向けに扱っていたという。

だからトランプ大統領も、7月4日の中露首脳会談＝北ＩＣＢＭ発射の翌日、ツイッターにこう書き込まざるをえなかった。

「第1四半期の中国と北朝鮮の貿易は4割近く伸びた。中国がわれわれに協力するって言っても、こんなものか。でも、やるだけやってみなきゃならなかったから！」

また、中国のヤル気度につき、ルジエロ氏はこう断言しています。

「中国政府当局は対北制裁をしないばかりか、中国の銀行群は北朝鮮の制裁逃れを手助けしている」

9月末になり、中国は北朝鮮と密接につながる国内の大銀行や北との合併企業に対する引き締めを強化しているといいますが、アメリカへの一時的取り繕いにすぎず、私はまったく信用していません。

敵は「北京」、「旧・瀋陽軍区」と北朝鮮の絆

渡邉　アメリカが北朝鮮を攻撃できない大きな不確定要素にひとつが、後ろにいる中国の存在です。北朝鮮は、ロシア（ソ連）との間には軍事同盟がないのですが、中国との間には、いわゆる「中朝軍事条約」を結んでいます。中朝友好互助条約は1961年に調印された条約で、「参戦条項」があるため、中国としては、その同盟を破棄しない限り、北朝鮮が攻撃を受けた場合、自国が攻撃を受けたと同様に、対米戦争に参戦する必要がある。中国が後ろにいるために、アメリカは簡単には手が出せないわけです。

また、中国にしても「人民日報」の姉妹版「環球時報」が、北朝鮮がアメリカに先制攻撃した場合は、中国は中立を保つと、軍事同盟を当てにされないようけん制した社説をしております。同時にアメリカに対しても、アメリカが北朝鮮に先制攻撃をしたら中国は断固阻止する、と。

野口　中国はアメリカが北朝鮮を先制攻撃したら、鴨緑江を渡って北朝鮮を助けると、警

告していますが、その余裕はないのではないかと思います。アメリカのスピーディーな攻撃によって、鴨緑江を渡る前に、解決しているかもしれない。

中国が北朝鮮の崩壊を躊躇(ちゅうちょ)する理由は、まず北朝鮮を米韓という民主国家との緩衝地帯にする必要があるからです。

それと、もうひとつは旧・瀋陽軍区、現在北部戦区と呼ばれている戦区の問題があります。

中国は、七大軍区を五大戦区に改編しましたが、中国の軍区や戦区は軍閥ですから、軍服や半長靴なども、全部軍区内でつくって、それを軍高官がピンハネするわけです。軍閥ですから、中央の命令が届きにくい。それで、体制を変えて、中央の命令を聞くようにしたわけです。

再編前と後の主な変化は次の2つがあります。

「かつて軍区が有していた軍区内の兵員・装備に関する整備といった軍政は、中央軍事委員会に新設された『国防動員部』へと移譲。戦区は作戦立案と、作戦に沿った訓練・演習に特化された」

「戦区内に所在する陸海空軍やロケット軍の各軍種、民兵や予備役などを、戦時でなくとも統合運用できることとなった」

表向きは、軍種間の意思疎通&協力を阻害する縦割りや装備・業務の重複・無駄をなくし、「実戦的体制を構築し、現代戦に適合させる」としていますが、透けて見えるのは軍閥に近かった軍区の解体でしょう。

特に最精強を誇る「瀋陽軍区」は、習主席にとって目障りどころか、政治生命まで左右するほど「超危険な存在」です。先ほど触れた、旧満洲から旧ソ連とも国境を接する軍区で、朝鮮戦争のときに一番乗りした軍団です。

中国は朝鮮戦争勃発(ぼっぱつ)を受けて〝義勇軍〟を朝鮮半島に送りましたが、実体は人民解放軍所属の第四野戦軍です。当時、人民解放軍最強の第四野戦軍こそ瀋陽軍区の前身で、朝鮮族らが中心となって編成された「外人部隊」でした。瀋陽軍区の管轄域には延辺(えんぺん)朝鮮族自治州も含まれ、軍区全体では最大180万人もの朝鮮族が居住する。いわば、「瀋陽軍区」と北朝鮮の朝鮮人民軍は「血の盟友」としていまに至っているのです。金正日(キム・ジョンイル)も2009年以降、11回も「瀋陽軍区」を訪れているのですよ。それくらい北朝鮮との関係が深い。北部戦区はいまなお「瀋陽軍区」といっていい。じつは、習近平は、瀋陽軍区を解体するために、軍の改編を進めてきたといっても過言ではありません。結論からいうと、失敗していますが。

なぜ失敗したかというと、北部戦区はむしろ膨張したからです。北京軍区の一部を形成していた内モンゴル自治区を取り込み、人民解放軍海軍の要衝・山東半島も飛び地の形で獲得してしまった。親衛隊である北京軍区を拡張しようとしたのですが、それも大失敗した。

習主席は、北京より平壌と親しい「瀋陽軍区」によるクーデターを極度に恐れています。「瀋陽軍区」高官の一族らは、北朝鮮に埋蔵されるレアメタルの採掘権を相当数保有している。「瀋陽軍区」が密輸支援する武器＋エネルギー＋食糧＋生活必需品や脱北者摘発の見返りです。北朝鮮の軍事パレードで登場するミサイルや戦車の一部も「瀋陽軍区」が貸している、と分析する関係者の話も聞いたことがあります。

しかし、習近平が恐れている「瀋陽軍区」と北朝鮮の「もちつもたれつ」関係は核・ミサイル製造でしょう。歴代の党指導者が信用していなかったため、中国人民解放軍の核管理は「瀋陽軍区」ではなく《旧・成都軍区》が担ってきました。「瀋陽軍区」は核武装して、北京に対し権限強化をはかりたいが、北京が警戒してそれを許さない。そこで核実験の原料や核・ミサイル製造技術を北朝鮮に流し、または北の核・ミサイル技術者を「瀋陽軍区」内で教育・訓練し、「自前」の核戦力をつくろうとしているとの観測が浮上しているのです。しかも、その核戦力は日米ばかりか北京にも照準を合わせている可能性がある。

理由は3つあります。

（1）北京が北朝鮮崩壊を誘発させるレベルの対北完全経済制裁に踏み切れば、「瀋陽軍区」はクーデターを考える。

（2）他戦区の通常戦力では鎮圧できず、北京は旧・成都軍区の核戦力で威嚇し恭順させるほかない。

（3）「瀋陽軍区」としては、北朝鮮との連携で核戦力さえ握れば、旧・成都軍区の核戦力を封じ、「瀋陽軍区」の権限強化要求＋クーデターの、2つの選択肢を確保できる。

したがって、安全保障の専門家の一部は、事態がこじれれば、北朝鮮から北京にミサイルが飛ぶっていっているけれど、これは、じつはありうる話で、「瀋陽軍区」がやれよといえば、北朝鮮はやる。

そのくらい、この「瀋陽軍区」は危険な存在です。

アメリカの先制攻撃は中国も分裂させる

渡邉　旧満洲の生き残りみたいな者がいて、中国の歩兵の約7割が旧・瀋陽軍区にかかわっている。7大軍区から5大戦区にしたのですが、北朝鮮のミサイルの3分の1近くは北京に向いているといわれています。北京は、北京閥、中国共産主義青年団というエリートグループが握っています。中国の政治派閥は、三大体制になっていて、江沢民（こうたくみん）派、団派（中国共産主義青年団）、太子党とある。習近平主席は太子党を中心としたグループにいて、「瀋陽軍区」と敵対している。アメリカ軍と休戦協定を結んだのは、中国人民義衛軍であって、中国人民軍ではない。義衛軍というのがそのまま、北部戦区に移っている。そのなかで、北部戦区としては習近平を直接的に落とす手段はないので、北朝鮮を利用して、いままで威嚇行為をおこなってきた。ところが、これをつなげていた北朝鮮ナンバー2の張成沢（チャン・ソンテク）が、粛清されてしまったわけですよね。

野口　高射砲火か火炎放射器で惨殺されました。

渡邉　北朝鮮がつながっている先は、じつは北京ではなくて「瀋陽軍区」だった。ここがコントロールしていたのに、パイプが切れたことにより、北朝鮮へどういう方向に影響するのかわからない、というのがいまの状況なのだと思うのです

野口　北朝鮮も、はなから中国を信用していません。中韓で国交が結ばれたときから、彼らは「裏切られた」と思っていますから。

　習近平は14年に全軍統率機関――中央軍事委員会の副主席にして「瀋陽軍区」勤務が豊富で、同軍区に強い影響力をもっていた反習近平派の大物・徐才厚（じょさいこう）上将を失脚させていた。にもかかわらず、徐の腹心の第39集団軍幹部はクーデターを起こしていました。人民解放

軍のなかで最精強なのが「瀋陽軍区」ですが、そのなかでも最強なのが第39集団軍。習氏はさぞ怯(おび)えたことでしょう。クーデターは小規模で鎮圧されましたが、それ以外にも、クーデターや習近平の暗殺未遂事件がかなり起きている。したがって、アメリカの北朝鮮への先制攻撃は、中国を分裂させて、国力を弱める力を秘めていると私はとらえています。

よく識者は、中国は北朝鮮から大量の難民が入ることを恐れていると解説しますが、絶対違います。恐れているのは北京で、「瀋陽軍区」からすれば、同胞が来るだけだから問題はないわけです。だから、「瀋陽軍区」は中国じゃないと思ったほうがいい。

渡邉 ちなみに日本にも、中国籍の朝鮮族が大量に入ってきています。たとえば、上野の仲町銀座の歓楽街がそうですね。

上野という町は大きく3つに分かれていて、春日通りの上野側は北系、春日通りの多慶(たけ)屋(や)側が韓国系、仲町銀座が中国国籍の朝鮮族が多い。彼らは互いに非常に仲が悪い。

ロシアとヨーロッパ、それぞれの思惑

渡邉 ただ、ロシアの場合と中国とは微妙に違います。ロシアは、「信用できないということだけが、信用できる国」といわれている。ロシアは平気で裏切りますから。

ロシアの場合、意図的に日本やアメリカに乗っかって、おいしい思いをして、北朝鮮以上の餌(えさ)がぶらさがっていれば、それをパクリとやる可能性は高い。

野口　とにかくロシアは、ユーラシア大陸東端の朝鮮半島危機を悪用したい。9月下旬に北朝鮮高官が訪露するなど、最近は露朝接近が露骨になっています。朝鮮半島危機におけるロシアの重要性をアメリカに認識させ、大陸西部のウクライナ問題をめぐる経済制裁の解除といった欧米の譲歩を引き出したいハラなのです。しかし、そうはいっても中国は、北朝鮮を窒息させないでしょう。

私はこれをアメリカの国防総省にいる知人にいつも忠告しているのですが、ASEAN(アセアン)（東南アジア諸国連合）はあてにならない。フィリピンがそうですが、中国に一本釣りされている。本来は「反共」だったASEANが、どんどん共産主義国家も入れて、中国になびいています。ASEANは、インドネシアやベトナムなど中国と領土紛争やっている国も含めて、アテにならない。中国から見れば、出撃・防御いずれにせよ第一列島線を確保できなければ、中国軍の戦略・作戦はなりたちません。逆にいえば、第一列島線上沿いに中国を取り囲む日本・台湾・フィリピンが中国を封じ込めるうえで、カギになるのですが、フィリピンがもっともアテにならないのです。

「アメリカ軍を台湾に駐屯させろ」

野口　では、どうするかというと台湾です。国防総省の友人に「アメリカ軍を台湾に駐屯させろ」と忠告しているのです。それを中国に突きつけただけで、中国は動くぞ、と。要するに、中国に北朝鮮への強硬手段――鴨緑江を渡って、朝鮮労働党と朝鮮人民軍を一時的に制圧するくらいの強硬手段をとらせるとしたら、米軍の台湾駐留です。これは中国にとっては脅威ですし、いましか打ち出せないのです。なぜかというと、中国人民解放軍には渡海能力がまだないため、台湾海峡を渡ってくることができないからです。ミサイル攻撃が関の山です。

渡邉　元米国連大使のジョン・ボルトンは「米軍の台湾駐留によって東アジアの軍事力を強化できる」と述べ、在沖縄米軍の台湾への一部移転を提案しています。「台湾は地政学的に東アジアの国に近く、沖縄やグアムよりも南シナ海に近い」と。

野口　シンクタンク・日本戦略研究フォーラム編纂の「中国の野望をくじく日本と台湾」によると、日比間に位置する台湾は、第一列島線を吊り橋に例えると真ん中で支える主柱だと指摘しています。巨大な吊り橋は、重い負荷に耐える主柱なしには耐えられない、そ

れだけ台湾が重要だということです。台湾が中国に呑み込まれたら日本も取り返しのつかない危機を招くのです。すなわち、

「中国がロシアから導入した射程400キロのミサイルを台北に配置したなら、中国が設定した防衛識別圏の半分はカバーでき、宮古島以西の先島諸島が効力圏下に置かれる。台湾東岸は水深が深いため、中国潜水艦はここを基地として安全に太平洋に出撃することが可能となる」

米海軍制服組トップの作戦部長ジョナサン・グリナート大将は2014年11月、こう明言しています。「アメリカは台湾関係法に基づく台湾防衛責任があり、約束もしている」

台湾関係法は、アメリカが台湾の安全保障に責任を負い、共同訓練を除く安全保障協力をうたっています。現役軍人の高位相互交流も関係法の恩恵故です。

また、ジョージ・ワシントン大学のロバート・サター教授も14年7月「台湾は中国にとり過敏な痛点で、アメリカにとっては中国に過大な代償を強いる選択肢」と看破していま す。戦闘機売却や反中勢力のテコ入れで中国の対台湾戦略を難しくさせ、台湾制圧の軍事能力が不充分だと認識させる戦略を提案しているのです。

渡邉　海上自衛隊と台湾海軍との間で情報共有などもどんどん拡大しています。

ただし、それには問題がないわけではありません。台湾で実際に向こうの軍人に話を聞

いてきたのですが、台湾国内に中国人が入りこんでいて、というよりもともと言語を共有する人たちなので、大陸にも親戚がいる人も多いし、外省人は先祖が大陸の人たちです。したがって、台湾の軍隊のなかにも、大量の、中国人民解放軍からのスパイが入り込んでいる。どこまで信用して、どこまで情報共有できるか、不確かなわけです。そうなるとアメリカ軍としても、アメリカ軍が直接駐留をするのならよいけれども、台湾軍との共有部分は極力少なくしたほうがいい。

野口　分けてね。

渡邉　分けて、壁をきちんとつくりたいと。これはいまの日本の状況ではできないですが、もしやるとしたら、集団的自衛権をはじめとして、状況が悪化した場合は、自衛隊と米軍が協力するかたちで台湾に駐留する。日米両軍で台湾軍をバックアップし、前線部隊は台湾軍がやる、と。

野口　そのさい、自衛隊も台湾に駐留すべきだと思います。複数国がいたほうがいい。できれば、イギリスやフランスにも駐留してほしいくらいです。自衛隊の場合は、南西諸島と本土を守るだけで精いっぱいですから。私の案としては、退役直後の、兵隊さんや下士官や幹部（将校）を1個大隊でもいいから編成して、台湾に派遣する。大東亜戦争のあと、ベトナムやインドネシアに残った軍人がいたように。

自衛隊で、定年までまっとうした下士官は練度が高いし、若くして退役した幹部自衛官はたたき上げの将校ですから、本当に強い。この人たちを、みんな台湾に派遣する。

渡邉　１９４９年の中国との金門戦役などで台湾の蔣介石（しょうかいせき）を助けた根本博（ねもとひろし）中将が有名ですね。それだったら、アメリカ軍が民間防衛会社をつくり、民間防衛会社の名前で日本から引き抜いて大量に入れて、その支店を台湾につくるという方法もあります。「後方支援」という名目であれば、民間軍事会社でも可能です。

野口　ただ、重要なのは国権の発動である国軍が駐留している、というところに意味があるんですよ。ところが、日本では法的な壁がかなり高くて、現実問題としては不可能に近い。

極端な言い方をすると、実際に台湾有事になれば、台湾防衛に馳（は）せ参じる退役自衛官はゴマンといます。

これはやろうと思ったら、たとえば観光客として身ひとつで行けばいいわけです。そして現地で台湾軍から、武器を供給してもらえばいいだけの話です。

実際米軍が台湾に駐留するハードルは高くありません。前述のようにアメリカ議会には、台湾関係法があって、兵力までは謳（うた）ってはいませんが、それを拡大すればいいわけですから。あるいは、戦争権限法に基づき大統領権限だけで派兵することは60日間可能です。

むしろハードルは中国共産党に汚染されている連邦議会の上下院議員の妨害ロビー活動です。

「海洋権益」に目覚めた英仏を利用せよ

渡邉　イギリスとフランスでいうと、フランスの海外領土の約70％は太平洋にあり、タヒチなど仏領ポリネシアを中心とした地域や、ニューカレドニアなんかもそうですね。そういう地域は、いまでもフランス領です。

周知のように、イギリスは租借権における領土ですが、かつて香港（ホンコン）という領土をもっていた。17年の8月末の日英首脳会談のメイ首相との会談内容をみると、完全に、日英米の三国同盟の復活といっていい内容です。いわゆる条約ではなく、共同声明にまだとどまっていますが、実際には武器の共有だとか、イギリス海軍は空母を派遣する、とまで言及しています。その状況は、三国同盟というか、三国防衛ですよね。ここに台湾防衛を組み込む。台湾を組み込むことで何が見えてくるかというと、その先にある香港なんですよ。もう一度、香港を租借権でとれるなら、とりたいと。そうすると、アジアにおける拠点が残りますし、実際に中国に対する圧力にもなる。

アジアから足がかりを失いつつある、というのがいまのイギリスの状況で、イギリスの世界地図を見たときに、香港を失うことで、ピースが欠けてしまった。これをあやまちだったと、イギリス議会が言いはじめているわけです。キャメロン、オズボーンと親中派政権のときは違いましたが、これがメイ政権になって一挙に否定され、対中姿勢が180度ひっくり返っている。こういう状況において、香港は50年間民主主義を維持するといっていたのに、中国軍がどんどん侵略している。返還後30年経ったら中間検査をおこない、香港の人権が守られているかということ調べると、中国とイギリス当局との間で約束したのに、イギリス議会が調査団を派遣しようとしたところ、ビザがおりず入国できなかったという事例もある。イギリスの議会が香港の人権問題を、言いはじめている。イギリス人が人権という言葉を使いはじめたら、侵略する気満々、ということですから。

野口　間違いなく香港には、イギリスのエージェントが埋め込まれています。彼らは、黙って香港を返還するようなタマじゃありません。必ずエージェントがいて、武力侵略じゃなくても、いつでも経済上の対中妨害ぐらいはできるくらいの体制は整えているでしょうね。私は、イギリスのEU離脱のタイミングが、ものすごくいい時期だった、と思っています。なぜかというと、EUを脱退した以上イギリスは、大英帝国のときのように、今後海洋権益をものすごく大事にするようになるからです。だからいま、イギリスの目は太平洋にまで向いてきている。自衛隊との共同訓練を、いまさかんにやりはじめている。

一方フランス軍は、オーストラリアの東側の南太平洋のニューカレドニアやポリネシアに4カ所くらい駐屯しているんですよ。「エシュロン」という、世界中の通信網を傍受するアングロサクソンの組織がある。米、英、オーストラリア、ニュージーランド、それからカナダで、世界中のビジネス、軍、政府間の通信を傍受している。フランスは、アングロサクソンじゃないからこれに入れなかった。だから、「フレンシュロン」と呼ばれる「フランス版エシュロン」をニューカレドニアにももっています。エシュロンに比べ、性能・規模は劣りますが、決して侮れません。そういう意味では、フランスも太平洋の権益というものを非常に重視している。

オーストラリアの西海岸まで中国の艦隊が現れましたから、だんだんフランスもウェイクアップしているわけですね。ただし、フランスとドイツは極めて獰猛ですから一筋縄ではいきません。むろん、イギリスもそうですけれど。

中国人民解放軍海軍の軍用艦を見てください。ドイツとフランスの部品だらけですよ。

そもそも、フランスは１９８９年の六・四天安門事件後の対中武器禁輸解除の旗頭に度々立ちました。２００３～05年には、アメリカの猛反対とイギリスの〝裏切り〟で頓挫しましたが、あと一歩に迫っていた。解禁の見返りには軍民汎用衛星の受注なども含まれていたのです。

2016年6月に中国海軍艦が初めて尖閣諸島の接続海域に入りましたが、天安門事件後の建造にもかかわらず、フランス生まれの技術が多用され、ステルス構造やレーダー、機関など殺傷兵器以外ではフランス製が少なくありませんでした。禁輸対象＝殺傷兵器の一部が、人民解放軍にコピーされても対抗措置をとらない。人民解放軍海軍が、フランス海軍の攻撃型原子力潜水艦（SSN）を欲しがっていることも熟知しています。フランス製SSNは排水量が小さく、東シナ海～西太平洋かけての浅海での作戦行動に適しているからです。

日本とアメリカはそういう現実に目をくばりながら、フランスやイギリスの海洋権益に対する覚醒を、もっと利用するべきだと思います。

朝鮮半島問題の次の権力図を見据えて重要になるインド

渡邉　ブレグジット（イギリスのEUからの離脱）によって、イギリスはアメリカと接近せざるをえなくなったわけですね。大陸を捨てたということは、同じアングロサクソン同士であるアメリカとの関係を強化するしか生き延びる道はない。当然そうなってくると、海洋国家群を組み立て直すというのが戦略として出てくる。そのうえで、アジア太平洋地域におけるイギリスがもっている最大の武器というのは、やはりインドなんですよ。そして、インド海軍も非常に強い。同時に、一時、ヘリ空母しかなかったのを、ふたたび空母を建造して、2艦体制で、今後空母を運行できるようになってくる。海洋権益を守る体制もできはじめている。インドというのは元々イギリスの植民地だったということもあり、インド人のエリートグループは全部、イギリスやアメリカに留学し、勉強している。そういう関係のなかで、ある意味大陸を分断するインドの役割が非常に強くなりつつある。日本も安倍首相になってから、インドとの関係を強めている。したがって、インド洋で中国を押さえるというのが、第一列島線の先にある戦略です。

石油を運ぶ道としてみると、インド洋は非常に重要であり、インド洋を押さえ込むことは、中国の海洋進出を抑えることにもつながる。そこで、北朝鮮問題の先にある南シナ海問題に関しては、イギリスは出張ってくる気満々、フランスも合同軍事訓練などの名前で参加してくる、オーストラリアは当然守りに入る、カナダは参加する、アメリカも参加する、インドも参加する。という状況のなかで、いま、中国とどうするのか、というのが動いていて、これが、朝鮮半島問題の、次の権力図を見据えた、朝鮮半島情勢でもあるわけです。

中国の一帯一路構想

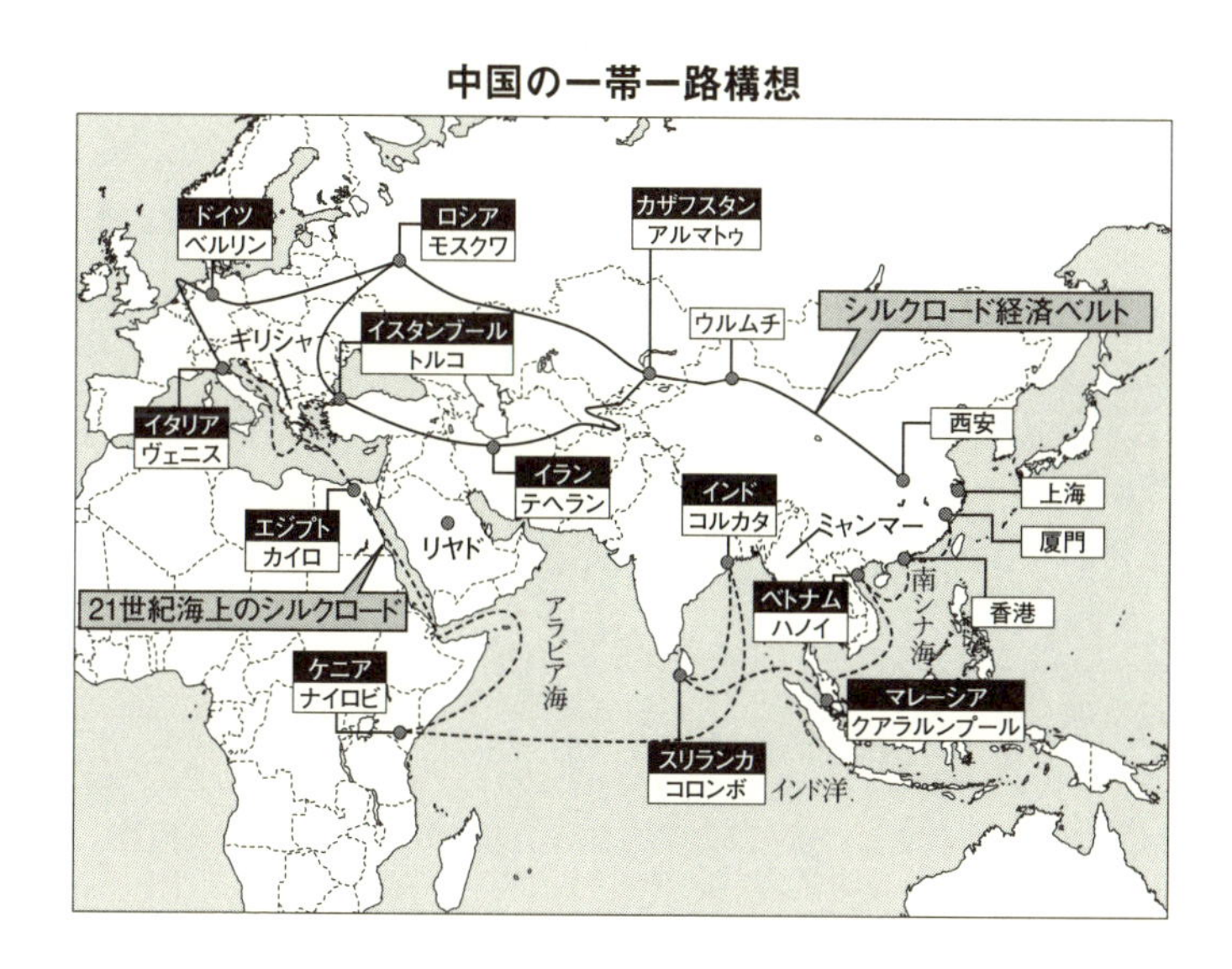

9月13日にインドへ訪問した安倍首相は、モディ首相に大歓迎を受けました。モディ首相の出身地であるアーメダバードでは9キロメートルにも及ぶ歓迎パレードがおこなわれ、街には、安倍首相の写真を載せた看板に、日本語で「ようこそ」という文字まで飾られるほどの歓待ぶりです。

14日には、日本の新幹線方式が導入されるインド西部のムンバイとアーメダバード間の高速鉄道起工式に出席し、日本政府、企業が一丸となってインドの高速鉄道づくりを支援する考えを表明しました。日本とインドを「アジアの二大民主主義国」と位置付け、両国の協力を相互の成長につなげると訴えたわけですが、これは言うまでもなく中国を意識しているものです。

それを受けるように、モディ首相は、日本とインドがアジア太平洋地域に強くかかわっていくとする「アクトイースト」と「自由で開かれたインド太平洋戦略」を一層連携させるとの考えを支持しました。

ご承知のように、中国の一帯一路構想にはいわゆる「陸のシルクロード」と「海のシルクロード」があり、この「真珠の首飾り」といわれる中国のシーレーンをインドは非常に警戒しています。

なにかと問題になっている南シナ海の地図を見ると上下に2つの入口があることがわかります。このように上の出口が台湾とフィリピン、下がインドネシアとベトナムにはさまれているのですが、海のシルクロードは中国沿岸から東南アジア、インドを結ぶことにより、南シナ海での海上封鎖を防ぐ狙いがある。さらにアラビア半島の沿岸部、アフリカ東岸を結ぶことによりヨーロッパへの拡大を進めている。それに対してインドはこれまでインド洋のヨーロッパ方面しか見てきませんでしたが、「真珠の首飾り」に脅威を抱き、強く楔(くさび)を打ち込もうとするわけです。それがアクトイーストで、インド海軍の中東への展開から東南アジア、南シナ海に深くかかわっていこうとする戦略です。

これは、かつてインドを植民地にしていたイギリスと関係の深いオーストラリア軍との連携もセットになっている。そうしてインドは、アジアの安全保障の地図を大きく変えようとしているわけです。

インドの問題は兵器体系

野口　確かに中国に対抗する上でインドは注目すべき民主大国です。親日国家でもあります。ですが私は、腰が定まらないということで、ＡＳＥＡＮ同様インドもいまひとつ信用できません。兵器体系が完全に西側の兵器体系になってくれればいいのですが、まだまだ旧ソ連製・ロシア製が根強く残っている。印中戦争で大敗を喫したため、そのコンプレックスというのがインド陸軍には根強く残っているのです。一方海軍は、中国がインドの東側に軍事拠点をどんどんつくっていることに神経質になっていますが、コンプレックスはもっていない。ただし、いま以上に対中危機意識をもってほしい。

渡邉　インドに関していえば、私はビジネスの世界で付き合っている人間が多いんだけれど、世界三大商売上手民族といえるのが、ユダヤ人、華僑(かきょう)、印僑なんですが、華僑より何倍もタチが悪いのが印僑だというのですね。ユダヤ人を手玉にとるのも、印僑なんですよ。彼らの性格の悪さというのは最高なので、そういう意味では、利用できるところは、利用するべき。インド人というのは、利益を与えれば、利益に対する分だけは、きちんと応えるので。

野口　いずれ、中国人とインド人はビジネスの上でアフリカでぶつかりますよ。ぶつかるなら思い切り、徹底的にぶつかってほしい。

渡邉　印僑と華僑の最大の違いというのは、印僑というのは国に母体があるんですね。で、世界中に飛び散っていって——ファミリービジネスですから、インド人の商売は——お父さんがインドにいて、家族がたとえばニューヨークや、香港にバラけて、地下銀行みたいなことをしながら、金も回すと。彼らはカーストをもっていますから、基本的に上位のカーストに位置するマハラジャにとって、下のカーストの人々は全部所有物なんです。彼らは海外に出ていくわけですが、日本にいる中国人と違って分散していますよね。カレー屋さんを見たらわかります。

　中国人は集まって、中華街をつくる。インド人は、バラけて住むんです。これが最大の違いで、文化衝突しない。インド人を見るとわかるのが、インド人はコンピューター産業が強い、薬品産業も強い、アメリカに留学したインド人が、全部国に帰っているから。何故かというと、インドでは家族全員が所有物ですから、人質にとられているようなもので、マハラジャが帰ってこいといったら、下の人間は全員帰るんですよ。ここに、中国人のバラバラと、インドのチーム戦の、強さと弱さがある。ビジネスばかりか、戦争においても、この本質の形態でおこなわれる可能性がある。中国軍が最終的に勝てない理由というのは、個人主義だからなんですよ。

北朝鮮のマッドマン・セオリー

渡邉　金正男（キム・ジョンナム）、彼はじつをいうと武器バイヤーも兼ねていたのですね。

野口　それと、麻薬です。

渡邉　麻薬と武器を売買するビジネスパーソンだったわけですよ。だから、シンガポール、マレーシア、マカオ、オーストリア、スイスこのあたりをぐるぐるまわって、世界中のテロリストや武器商人たちに武器を売るのが彼の仕事で、その金が、北朝鮮に戻っていった――という構図。しかし、彼をVXガスで殺してしまったことで、北朝鮮は対外的な武器売買が難しくなった。これが、国際社会とのつながりが切れた要因のひとつでもある。またこれにより、金正恩の、「マッドマン・セオリー＝狂人理論」が――本当に狂人なのか、狂人のふりをしたバカなのか、天才なのか、どれなのかが本当にわかりづらい。野口さんはコラム「野口裕之の軍事情勢」（『産経ニュース』「トランプ氏の『マッドマン・セオリー＝狂人理論』は金正恩氏に通じるか」）で詳しく解説されていますね。

米国のリチャード・ニクソン元大統領（1913～94年）はベトナム戦争を終わらせるにあたり、副大統領として仕え、朝鮮戦争を休戦に持ち込んだドワイト・アイゼンハワー（1890～1969年）大統領の情報戦に学んだ。そして今、ドナルド・トランプ大統領は、現下の朝鮮半島危機を、ベトナム戦争を終結させたニクソン氏の情報戦に学び、血路を見いだそうとしている。一連の情報戦は、「核戦争も辞さぬ狂人」を装い、敵国の譲歩を引き出す瀬戸際戦略で《マッドマン・セオリー＝狂人理論》と呼ばれる。

ただし、その実践には絶対的前提条件がある。あくまで、トップや側近の戦略立案者が「狂人」ではなく「狂人を装っている」ことと、「情勢次第で核攻撃をも敢行するハラをくっている」こと。その点、金正恩は非常に危ないわけです。

野口　金正恩は張成沢ら、側近の政治家や将軍、官僚の大量粛清を続けています。もはや、周囲はイエスマンばかりで、合理性に基づき進言する腹心は存在しないと、いっていいでしょう。

30代前半で軍歴も政治歴もない男がまともな判断や指揮・統率をはたしてできるのか。

アメリカに核保有国と認めさせ、政権の維持を確約させるために「狂人を装っている」つもりが、特殊作戦部隊やピンポイント（精密誘導）爆撃などで「金王朝」排除を目指す米軍の《斬首作戦》に脅え、錯乱。朝鮮人民軍が謀反を起こしかねぬ疑心暗鬼も加わり、半狂乱となっている――との分析をする安全保障関係者は少なくありません。

いずれにせよ、トランプ「狂人理論」に屈服しなければ、朝鮮半島有事は現実となります。かかる危機を前に、「モリカケ問題」の追及に躍起となっている野党やメディアも「マッド」ですよ。

渡邉　そういう意味では韓国の文在寅大統領も「マッド」といえなくもない。

野口　金正恩1人がマッドでも、トランプ大統領とともにマッドでも日本に核・ミサイルが落ちてきます。この期に及んで、日本国憲法と無理心中願望を抱き続けるリベラルと左翼は「マッドの中のマッド」でしょう。

第4章

この期に及んで反・安保法制に熱中するメディア

北朝鮮にとどまらない負のスパイラル

渡邉　北朝鮮の対外貿易というか外貨獲得手段というのは、武器売買だった。これまでの金2代の体制においては、ミサイル実験はいわばショーケースで、中東のイランやシリアに向けて、売るための実証実験だったといわれています。実際に、いまだにイランやシリアとの関係が疑われています。北朝鮮の最大の貿易物資は、いまだにゲリラなどに販売している銃弾などなのです。AK-47のコピーなどが、裏の大きな輸出品目だといわれています。そういう品目が、中東などに渡る可能性が充分にあるということは、国際的な大きな問題となっています。

野口　もう渡っています。

渡邉　シリア、イラン、パキスタン、この3カ国に北朝鮮を加えた4カ国が、アメリカが「悪の枢軸」と名指しした国ですね。これらの4カ国は、相互に協力し、核開発などを続けてきた。その事実関係から考えると、アメリカが北朝鮮に核をもたせられないというのは、こうした関連があるから。アメリカは、最終的判断を下すときに、北朝鮮だけを見て決定するのではないでしょう。

いちばん恐れているのは、ＩＳなどのイスラム教のテロリスト軍団に核兵器が流れることなのです。彼らには、相互確証破壊が通じない。その理由は簡単で、彼らはジハードを是とするから――これに尽きるわけで。

野口　自分たちが死んでもかまわないのです。

渡邉　大量破壊兵器がジハードを是とする兵士に渡ったときのリスクというのは、非常に大きいわけです。

テロ支援国家指定の条件というのが２つあって、ひとつは核兵器（Ａ兵器）、もうひとつは細菌やウイルスなどの生物兵器（Ｂ兵器）、そして毒ガス・焼夷弾などの化学兵器（Ｃ兵器）の開発。いわゆるＡＢＣ兵器ですね。実際に、マレーシアにおいて、金正男をＣ兵器のＶＸガスで殺しているわけですよ、これがサリンだったらどうなっていたか、炭疽菌だったらどうなるのか、また天然痘だったらどうなるのか、という議論が、世界中でまったくなされていない。

たとえば天然痘は根絶されたといわれ、アメリカとロシアの２国だけにサンプルが残されているといわれていますが、北朝鮮がもっている可能性だって充分にあるわけですよね。そういう兵器が、北朝鮮から悪の枢軸の国々に流れ込んだ場合どうなるのか。

日本は、北朝鮮から飛んでくるミサイルばかりを注視しているけれど、ミサイル以上に

B兵器やC兵器による破壊も想定していかないといけない。かのオウム事件では、ロシアや北朝鮮が背後にいたのではないか、といわれていますよね。なぜ霞が関を狙ったかというと、日本の行政の中心をとめるとどのようなことが起こるのかという実験をおこなったから、ともいわれている。いまとなっては、その確証はとれないけれど、実際にそれでシミュレーションがおこなわれたのは確かなわけです。

おしなべて日本や日本人は安全保障ということに目覚めないといけないですね。そういう状況なのに、「Jアラートが鳴ってうるさい」とか言う人がいる。

野口　とある会合での話ですが、保守系の国防族議員が「社会保障と安全保障は国家基盤の両輪」と挨拶していました。国防族議員でさえこの認識ですから他は推して知るべしです。

いうまでもなく、社会保障と安全保障は国家基盤の両輪ではありません。安全＝国防が保障されてはじめて、社会福祉が機能する。安全保障の基盤の上に社会保障がのっていることをきちんと認識しなければなりません。

非常時やテロに対応できない日本

野口　アメリカは「本土に届くICBMはだめだ」と明言しても、日本と韓国に届く核・ミサイルはすでにできているのだから、それは認めるかもしれない。第1章でも述べたように、もしアメリカが北朝鮮を「核保有国」として認めたら、日本は完全にアウトです。北朝鮮が韓国に対して核を使うのはやはり同胞ですからハードルが高い。とすれば、いちばんのターゲットは日本で、日本だけが割りを食う。脅され北の〝サイフ〟に成り下がるのです。そういう瀬戸際に日本が追い込まれていることに国民はいい加減気づくべきです。

渡邉　日本の場合は、やっとテロ等準備罪が成立したので、今年の8月10日から海外当局との直接情報交換ができるようになりましたけれど、テロ等準備罪が成立する前は、ヨーロッパの当局や中東の当局などからの情報は、日本の入管にも入ってこなかった。一極集中で、アメリカの情報に頼っていたのですね。これが、テロ等準備罪に成立によって、やっとヨーロッパなどと連携することができ、情報が入ってくるようになる。

野口　ただ、あのレベルの〝強制力〟でも左翼は反対するわけでしょう。テロ等準備罪は、われわれに言わせれば不備が多い。司法上の逮捕しかできない国というのは弱いんです。

裁判所の令状が必要だから時間がかかる。司法ではなく、行政上の逮捕――正確にいえば「拘束」ですが――であれば、行政府が判断できる。そういうことができない以上は、やはり欠陥法だし、盗聴もできなければテロには対応できません。「個人情報」と騒ぎますが、国家と国民の生存を守るために、一時的な人権のフリーズは必要です。民主国家といえどもこれは当たり前の措置です。未来永劫暗黒の非民主主義世界にいるのを選ぶのか、一時的な人権の凍結を許すのか、危機にさいし国民は否応なく選択をしなければいけない。

だいたい、「個人情報」と騒ぐのは、個人情報をとられると都合の悪い人が、叫んでいるのではないですか？

渡邉　そのとおりですね。たとえば、「特定機密保護法」をけしからん、情報を開示せよといいますが、一般の人が、軍事上の重要な機密を知ってどうするの？　という話でしょう。潜水艦がどこにいるのか、私たちが知ったって、なんの役にも立たないわけです。

野口　防衛省の「日報問題」だってそうですよ。自衛隊を軍だと思っていないから、他官庁と同じように情報公開しろと同列に扱っているだけの話です。日本には、国会に秘密会（公開しないでおこなわれる会議）はあるが、要件が厳しい。

渡邉　そうなると、いまの日本の法制度上は安全保障上重要なことは官邸でやるしかない。ある意味、官邸だけがブラックボックス。議会でやると、秘密会が難しいので、国会議員がペラペラしゃべっちゃう。

野口　事の重要性がわからない人が、べらべらしゃべる。

渡邉　たとえば、尖閣の問題も含めてですけれど、野口さんが言われた一時拘束の方法が問題になっています。日本においては、自衛官には基本的に逮捕権限がないのです。自衛隊のなかの警務官が特別職国家公務員ですが、その警務官も、自衛隊内でおこなわれた犯罪しか取り締まることができない。

尖閣で問題になったのは、尖閣に中国人が上陸した場合、どこが出動するか、ということです。通常であれば国内治安で警察権の問題になるから、まずは警察官が動きます。ただ、あそこには警察官が常駐していないということで、海上保安庁が出ていって、まず対処する。上陸した上で、海上保安庁の船で同行した警察官が島に入る。ところが、相手が武力をもっていた場合、武力をもっているということは戦闘行為だから、ここではじめて自衛隊が動ける。ところが、自衛隊が動くさいに、自衛官に逮捕権限がない。これ、どうするかという議論——こんなバカバカしい議論が、じつは閣議でおこなわれていたりする。

もちろん、こういう場合の法の穴もじつはあって、自衛官が私人で逮捕して、本土に連れていって、警察官に渡す、と。まあ、いろいろな穴はあるのですが、そうだとしても、国を守るとか、国民の生命、財産が危機に瀕（ひん）しているときに、こんなバカげた議論をしている暇があるのかと。

これに対しては、国家非常事態宣言で、すべての法規を無効化するという裏技で逃げられないことはないけれど、そのさいに、どうやるのかという運用ルールすらない状況なので、逆に危険なのです。何かがあったときの、運用ルールをちゃんとつくれる議論をする。本来国会というのは、そういう議論をして、非常時のためにつくるのが仕事なのだけれども、そういうことがあってはいけないという前提に立ってしまって、「あってはいけないから、議論してもいけない」と。

詭弁（きべん）でなりたつ国

野口　日本学術会議は3月24日、「軍事的安全保障研究に関する声明」をまとめ、軍事目的での科学研究をおこなわないという半世紀も前の方針をわざわざ再確認しています。この声明は、防衛省防衛装備庁が2015年に「安全保障技術研究推進制度」を発足させ、大学の研究者に研究費を支給、研究成果をわが国の防衛技術向上に役立てようとしている動きに対抗して、軍事利用される可能性のある研究を規制しようと、大学などに要請した反対表明なんですね。

日本学術会議は、１９４９年に設立され、自然科学や人文社会科学といった分野の研究者84万人を擁する学者の「総本山」なんですが、おかしいのはアメリカ空軍に対しては防衛省が研究費を出すはるか以前から、直接依頼を受けて日本の大学が研究している。アメリカ空軍はよくて自衛隊はだめなのか。私が科学者を集めて声を大にして言いたいのは、軍事品と民用品が厳密に分けられるはずがない、ということです。

アメリカは１９９０年代に科学技術を軍事から民生に転換する「軍民転換政策」を採用し、軍事技術などを民間に開放しています。このとき開放したのが旧ソ連軍を強く意識して開発したコンピューターやインターネット、ＧＰＳ（衛星利用測位システム）でした。もともとは、すべて軍需のハード・ソフトだったのです。だから、もともと差がついていた日米間の「軍民汎用技術」力格差がさらに広がった。

渡邉　日本学術会議は上の連中におかしなのがたくさんいるので、どうしようもない。まともな人たちは日本学術会議に対して反旗を翻しています。戦争はだめでも、国防、防衛という名目の研究を禁じるのはおかしいだろうと。

戦争のための研究はだめだけれども、国を守る研究をやらないのは平和を損なうと。そういう回りくどい言い方をわざわざしなければならない。

野口　しかし日本語は精緻（せいち）で素晴らしい言語である半面、日本人をだめにしている部分も多い。いつもそうやって乗り切ってきた。

渡邉　解釈改憲がその最たる例でしょう。

野口　「周辺事態法」が成立（1999年）したときもそうです。戦場にありもしない「非戦闘地域」の設定を前提としました。「非戦闘地域」とは「現に戦闘が行われておらず、且つ、活動期間を通じても行われることがない地域」だと。周辺事態＝朝鮮半島・台湾有事が日本に飛び火せぬよう、非戦闘地域に該当する後方地域などで、自衛隊が米海軍への給油といった限定的支援を可能にしたのが周辺事態法でした。

　これは笑えない話ですが、周辺事態法成立前後、米政府に送った内部文書には「HI-SENTOUCHIIKI」とありました。つまり、国際法上の「非武装／中立／安全」の各地帯と異なり、日本が勝手に「安全宣言」した地域を英単語に翻訳できなかったのです。「専守防衛を国是」とするならなおのこと、非戦闘地域を攻撃し戦闘地域にするか否かを決める、生殺与奪の権は敵国側にあるというのが国際常識ですからね。

渡邉　たとえ現在戦闘がおこなわれていない地域だとしても、戦闘地域のなかで運よく戦闘行為が行われていない場所にすぎないわけですね。

野口　過去ならいざ知らず、現代戦でそんな場所はありません。地球の裏側までミサイル飛ぶ時代に私たちは住んでいるわけですから。はからずも小泉元首相が「自衛隊が行ったところが非戦闘地域、指定したところが非戦闘地」――と言いましたが、そういうことなんです。

渡邉　そういういろいろな欺瞞（ぎまん）があって、それでも欺瞞でなりたっているというのがこの国のまともなところではあるのですが、まともなことをやろうと思うとそういう欺瞞をもってこなきゃいけないというジレンマに陥っている。

野口　いったい、いつまで続けるのか。

渡邉　こんなバカバカしい議論を……。

野口　この70年以上にわたる平和は、本当は自衛隊と日米同盟の恩恵があったからですが、「平和憲法」のおかげといって現実にふたをする。恐るべきことに、冷戦時代には旧ソ連軍が上陸してきたら、まず白旗掲げて次に赤旗掲げろと言った教授がいる。

安保法制成立阻止に向け、法政大学の山口二郎教授らの一派が「戦争をするための法律」をやめろ――と言った。逆です。日本は「戦争ができる国」にならなければいけない。いままでは「戦争のできない国」だったから問題なのです。なぜなら、戦争ができない国は抑止力も効かないからです。つまり、平和を保てない。「戦争ができる国」とは「戦争をする国」とも違う。この国際常識を日本人はまったくわかってないんですよ。私は今後、全力でもって、日本を「戦争ができる国」に変えていかなければならないと切に思います。

渡邉　同感です。身近な例でたとえれば、強盗が弱そうなお兄ちゃんの店と、その隣にやくざもどきの人のいる店があるとしたら、弱そうなお兄ちゃんのほうを狙うに決まっているわけです。

野口　ですから、「戦争をできる国」にするのかと左翼の先生方が反対していますが、私はそのとおりだとじつは思っていた（笑）。

渡邉　「戦争できる」と「戦争する」は違うのです。

いまだ対話に固執するメディア

渡邉　野口さんは、産経新聞にいらっしゃるわけですが、やはり「戦争」という言葉を使いづらいメディアの風潮を感じますか？

野口　そういうアレルギーは強い。大多数が北朝鮮との「対話」に固執している。

私は、北朝鮮問題に関しては、もはや戦争しかないと思っているけれども、多くは、石油を中心とした経済的圧力をロシアと中国を巻き込んでやれ――という論調です。私は、もうその時期はとっくに過ぎたと思っている。いま戦争をやらなきゃいつやるのだ、と。それくらい日本は追い込まれているのに、前述したように、保守の論客でさえテレビでは

「戦争」を口に出すことを躊躇（ちゅうちょ）しているのが実情です。

渡邉　そもそも論ですが、中国とロシアが、本当に制裁をやってくれるのかという話なんだと思います。私ははっきり言いますが、中露が石油封鎖に同調する可能性なんてないわけです。日本の保守言論界にも、この点では歪（ゆが）みが生じている。

野口　経済制裁といっても北朝鮮は少なくとも160カ国との国交があるわけですから、これを全部とめるのはまず不可能です。そういう意味で私は石油も含めて経済制裁というのは一定程度の効果しか上がらないと思います。

　国連安全保障理事会は9月、対北制裁強化を決議しました。中露に譲歩した結果、ガソリン・重油など石油精製品に年間200万バレルという上限を設けたのですが、この200万バレルという数字は中国が過去に北に輸出した年間の石油精製品の最高実績に当たります。なんのことはない、中国は今後も堂々と輸出ができるのです

渡邉　一方、韓国も憲法では反共を掲げていながらも、実際は親北になっている。親北どころか「従北」であり、そして「従中国」なんですね。いわゆる左派が極端に拡大しているのがいまの韓国の政治状況です。戦後、日本で韓国ともっとも密接に接してきたのが「反共」を掲げる保守勢力であり、朴槿恵（パク・クネ）前大統領のお父さんである朴正熙（パク・チョンヒ）政権時代がいちばん蜜月関係にあったわけです。フジテレビが一時「韓流ブーム」などで叩かれたことがあ

りましたが、元をただせば、日本の保守と韓国は同じベクトルのもとで連携してきた歴史があった。一方、北朝鮮は日本の左派と、特に昔の社会党べったりだった。

ところが、ここにきて論調が変わりつつあるのは、韓国はもう無理だと思っている保守系の人たちが随分増えてきたことです。韓国疲れは限界に来ている。なかには、いまだに韓国に幻想を抱いている人もいますが、それがもう限りなく少なくなっているというのがいまの状況なのだと思います。これはアメリカも同様ですね。

野口　私は「北朝鮮の細胞に無政府状態にされていく韓国」（2016年11月14日付『産経ニュース』「野口裕之の軍事情勢」）というコラムを書いています。2015年朴槿恵政権のときでしたが、従北勢力によって7万人の規模の大暴動が起きた。そのときに、2万人の機動隊で抑えたのですが、この衝突により115人もの機動隊員が負傷し、大型車両が50台も破損している。これ明らかにプロによる「戦闘」ですよ。

渡邉　内乱ですよね。

野口　この大暴動には53もの団体の構成員が参加しましたが、主力の一翼を担うのが「全教組＝全国教職員労働組合」です。まったく、日本の日教組（日本教職員組合）がかわいくなるほどですよ。日教組を「生徒たちに『日本は悪い国』といったサヨク偏向教育を刷り込む洗脳者」とすれば、全教組は「生徒たちを親北反韓革命の先兵として軍事教練するスパイ教官」といった色合いです。結成宣言文は「共に立ち上がった同志よ！　固く団結して戦っていこう」などと、「同志」を連発し、〝教室〟では、北朝鮮の歴史教科書まで活用し北を賛美し、「米帝（米国）敵視政策」や、日本大使館前の慰安婦像前でおこなわれるデモを生徒に体験させる〝校外学習〟を通し「反日教育」もこってりと叩き込むのです。

まるで非合法の革命組織そのものです。1989年の結成時には非合法で、親北政策＝太陽政策をとった金大中（キム・デジュン）政権がいったん合法化しましたが、2013年に再び非合法に指定されました。ところが、いまだに教育内容や人事・予算、学校の設立・廃止などの決定に絶大な権力を非合法でありながら維持しています。国会議員やメディアに圧力さえ加える集団なのです。

それからもうひとつ「祖国統一汎民族連合＝汎民連」があります。これは金日成（キム・イルソン）の命令でつくられた組織なんですが、日韓間の摩擦を増幅させて離間させるのが目的です。日米韓の安全保障、経済協力関係の破壊、日本と「米帝国主義」を朝鮮半島より駆逐し、「南朝鮮」に親北政権を樹立。北朝鮮主導で統一国家を建設することを最終目的としています。

韓国にあるのが南側本部、北朝鮮には北側本部があり、以前海外本部はベルリンにあったのですけど、いまは朝鮮総連（在日本朝鮮人総聯合会）があるから日本にあります。

かくして、北朝鮮と韓国内の細胞は親北派エリートを年100人育て、韓国内の労働組合をはじめ、政治、法曹、教育、大学、メディア、官僚、経済の各界に埋め込んでいった。とりわけ優秀なゲバ学生を資金援助し、裁判官や弁護士、検事に仕立て上げた。彼らは、金大中政権から盧武鉉（ノ・ムヒョン）政権の10年間、公安事件、スパイ罪などで逮捕された３５００人を特赦で釈放しています。こういう国ですよ。それから国会議員のなかにも逮捕歴のある人物がゴロゴロいる。日本では考えられないことです。

だから、日本の左翼よりももっと暴力革命志向です。日本の左翼は「安倍死ね」とか「戦争法反対」とか、言葉だけですんでいる。国会周辺で安全保障関連法反対のデモをやっているおばあちゃんに、「安全保障関連法の法文読んだ?」と聞くと、「読んでないよ、だって戦争をやるって書いてあるんでしょ?」そういうレベルです。

渡邉　第1章の話と相通じる「根底にある流れ」ということでいうと、日本国内においては朝鮮総連と民団（在日本大韓民国民団）が対立関係にあった。しかし、金正日（キム・ジョンイル）が北朝鮮の拉致（らち）を認めたことによって風当たりが強くなった総連は、民団の乗っ取りに走りました。２００６年に民団と総連が、歴史的50年ぶりの和解という名で共同文書に署名し、民団の中枢部に大量の北朝鮮の総連幹部が含まれているようになった、というのが現状です。

これによって、もう完全に民団自身が瓦解（がかい）して、保守勢力と民団がくっつき、社会党と総連がくっついていたというこの構図が完全にひっくり返る形になって、民団、総連ともに保守勢力と対立するように変化していった。その後、自民党政権が崩壊し、2009年の解散総選挙ということになるのですが、このさいにこれまで自民党を間接支援してきた民団の多くが民主党支援に回り、ここで大きなレジームチェンジが起きたんですね。これと同時に韓国も並行して、どんどん反日思想が強くなっていく。このあたりから、日本と韓国の関係も完全に瓦解した。やはりアメリカでトランプ大統領のアンチキャンペーンをやっている連中というのは、中国人も多いですけど基本的に韓国人のアジテーターとか大量に入っているんですよね。おそらく北朝鮮系だと思うんですけれども。

ですから、そういうのも全部トランプが認識しているので、韓国はアテにならないだけではなく、仮想敵国であるという認識に変わりつつあるというのが、現状なのです。

日本の「非知識人」

渡邉　メディアは最低ですが、知識人もひどいですね。本来、知識があったらおかしな認識をもつわけがない。つまり、知識がないのです。

野口　識者と呼ばれる、「非知識人」。私がロンドン支局長だったときのことですが、2001年秋、アフガニスタンで米中枢同時テロに端を発した対テロ戦争が勃発し、戦況を把握すべくイギリスの国防省や情報機関に日参した。そのさい、日本の参戦可能性を逆質問され、専守防衛の説明がなんと難しかったことか。自衛隊との接触経験のない欧州軍所属のアメリカ軍人にも、一様に怪訝(けげん)な顔をされました。

1982年フォークランド紛争の起きた際に、イギリスの退役海軍大将をインタビューしたことがあります。元海軍大将に「専守防衛」という言葉を説明するのに40分かかった。それでも、通じていないようなので、自分の英語がだめなのかと思い、一緒に連れていったケンブリッジ卒のイギリス人の助手に説明させたんですよ。その彼も20分かかった。「専守防衛」という言葉を説明するのに合計1時間かかったのです。

その元海軍大将が開口一番、こう言いました。「専守防衛を理解はしてないんだけど何を言っているのかがわかった。ミスターノグチ、日本は民主国家なのか。わがイギリスは大英帝国の時代から敵をできるだけ早期に、できるだけ遠方で撃破するのを国是にしている。君たちのところは……」と。彼はそうは言わなかったけれど、私が代弁すれば「本土決戦＝1億総玉砕思想だ」と心では批判していたに違いない。いや、笑っていたかもしれません。「国を焦土化して国をまくらに討ち死にするのかと」

基本的に島国の防衛線は隣接する大陸部、日本でいえば中国大陸や朝鮮半島の沿岸に引くことが軍事的合理性にかなう。大陸国家の侵攻意図を未然にくじき海洋国家の存亡を決めるシーレーンの安全を確保する戦略が求められるからだ。イギリス軍が大陸の主要湾を制圧できる外征戦力を備えているのは、かくなる戦略に従っているのです。

要するに、籠城戦（ろうじょうせん）をとる理由は2つしかないんです。潔く武士として後世に名を残すか、それか来援が来るまでもちこたえるか。

渡邉　つまり、日本でいう「自衛」とは、「籠城戦」なわけですね。

野口　完全に籠城戦です。いちばん不経済な戦闘です。イージスアショア（地上型弾道ミサイル防衛システム）やTHAADミサイル導入が取りざたされていますが、ミサイル防衛に何兆円かけるのですか。敵基地を爆撃するほうが軍事的合理性にかなっています。。

渡邉　ずっと安い。しかもミサイルは発射した直前のブースト段階で撃ち落とすのが技術的にもいちばん簡単です。速度が遅いですから。日本はいちばん難易度の高いところで撃ち落とそうとしています。

野口　だから、専守防衛は帝国陸軍も回避した「1億総玉砕」です。

専守防衛の自虐・自縛的解釈を続け、自衛隊は敵の策源地（基地）を攻撃できるミサイルや爆撃機、空母などを保有せずにきました。それゆえ、自衛隊の保有兵器に比べ長射程の兵器で、日本を攻撃する「スタンドオフ攻撃」を敵が仕掛ければ、わが国はなすすべもなくいたぶられる。敵の兵器は日本本土に着弾し、自衛隊の兵器は届かない……国家滅亡のシナリオですよ。

日本国憲法前文にはこうあります。

「平和を愛する諸国民の公正と信義に信頼して、われらの安全と生存を保持しようと『決意』した」

すなわち、「決意」して誕生したのは、国防の手足を自ら縛り、中国や北朝鮮にいたぶられるのを待つ異常な性癖を、さも自慢げに墨守する「マゾ国家」でした。

渡邉　ただ、専守防衛という概念が成立する前提には、ある意味警備員としてアメリカを雇っているという大前提があるわけです。アメリカなしの専守防衛は最初から成立しませんから。この現実をまったく無視して、あたかも集団的防衛体制がなりたっていると語っている人たちが憲法9条論者です。

野口　集団的防衛体制ができないとどういう結果になるか。第2次世界大戦のときのスイスを見ればわかります。スイスは、ナチスドイツから侵入を防ぐために、トンネルすべてと橋を全部破壊すると宣言。覚悟を示した。結局、ドイツはスイス占領を断念しました。また、スイスはドイツにしろ、イギリスにしろ、イタリアに物資を運んだり爆撃する航空機がスイス上空を通過すると、容赦なく撃ち落とした。連合国と枢軸国どっちの被害が大きかったかというと、じつは連合国なのです。だから、日本人は「永世中立国」のスイスに甘美なイメージを抱いてはいけないのです。

加えて、ユダヤ難民の扱いでは、スイスも暗部をかかえています。スイスはドイツと一緒になって、1938年、ユダヤ人旅券にユダヤの頭文字「J」のスタンプ押印を義務付けています。キリスト教文化の根付くスイスには19世紀半ば以来、反ユダヤ主義が認められているのです。そこに、労働市場を難民に奪われる懸念や、ドイツの侵攻を恐れる政府の意向が加わり。42年には、ユダヤ人を念頭に、難民の国境引き離し政策を実施しているのです。これによって、多くのユダヤ人がスイス入国を果たせませんでした。本国に帰るということは死を意味するわけです。片や日本は、東条英機らが関東軍参謀長だったときに、満洲国にユダヤの人々を入れているのですよ。帝国陸軍を悪魔のように言う人がいるけれども、そういう心優しいところがあったのです。「八紘一宇」とか「大東亜共栄圏」というのはかなり本音の部分があるのです。

渡邉　「五族協和」もそうですよね。

野口　そうです。なぜなら、欧米人からさんざん差別されているわれわれが差別する道理がない。

最終章

半島有事、そのとき日本ができること

日本の自衛隊は世界一優れている

野口　これまで30年以上、ずっと安全保障分野を専門に新聞記者生活を送ってきた結果として、トータルで60以上の国・地域の軍隊を見ることができました。そんな私の目から見ても、日本の自衛隊は非常に優れています。軍としての能力、各種技能の練度を競うオリンピックでもあれば、自衛隊は間違いなく有力な金メダル候補です。

それに何より戦闘力以前に、戦う集団がもつべきモラル（moral。道徳。倫理）とモラール（morale。志気。やる気）が、高いレベルで個々の自衛隊員に備わっています。

それだけに陸、海、空、いずれの自衛隊もじつに意欲的です。日本の演習地では狭すぎて発射できないミサイルの実射訓練なども、他の自衛隊部隊との順番待ちになるため数年に1回アメリカまで出かけて行って、定期的に抜かりなく実施しています。何しろ1発が数億円もするミサイルを撃つのですから、一発必中です。いざ実戦となって「経験不足で1発も的中しませんでした」などと言い訳はできないですからね。そのため、数年に1回の実射訓練に向け、日ごろから地味な「ボタン押し訓練」を辛抱強く繰り返しているのです。

渡邉　たしかに世界の軍隊のなかでも、日本の自衛隊の技量がかなりハイレベルなのは、多くの軍事関係者たちが認めるところです。モラールが高いのも、基本的に志願兵ですからよくわかります。ところが日本では、せっかくの優秀な自衛隊が充分にその能力を発揮できるような体制になっていません。これは自衛隊のせいではなく、周囲が悪い。まるで、自衛隊は力を発揮してはいけないとばかりに、周囲が彼らの行動をがんじがらめに縛り付けています。

野口　そう、まさに宝のもち腐れです。5兆円（防衛予算）のムダ遣い、といわれても仕方ありません。

問題は有事と平時の「グレイゾーン」

野口　自衛隊の行動を縛っているのは、具体的にいえば各種の法令ということになります。それはもうひどいもので、自衛隊の指揮官は六法全書を片手に現場を指揮する、といわれているくらいです。軍部の暴走を極端に恐れるあまり陥ってしまった、第2次世界大戦の敗戦国・日本ならではの特殊事情といってもいいかと思います。私は韓国のことを「情治国家」「恨治国家」と表現してきましたが、日本だって自分たちの民主主義に決して自信があるわけではない。だから、韓国の「情治国家」「恨治国家」に対してなんでもかんでも法律で縛り上げる「法匪国家」だと思います。

尖閣諸島のケースでいえば、中国から度重なる挑発を受けている現状は、いってみれば常に「有事」と「平時」の間の「グレイゾーン」です。このグレイゾーンへの考え方が問題なのです。

中国公船が日本の領海を侵犯したら、それだけで有事にはならない。言い換えれば、自衛隊ではなく、海上保安庁が出動すべき事態です。では、臨戦態勢はいつとるべきなのか？あるいは領海侵犯ではなく、その前段階でＥＥＺ（排他的経済水域）への侵入なら、どう対処するのか？　中国公船や中国人民解放軍海空軍がどんな行動をとるかによっても、さまざまに異なる状況が発生してくるわけです。

いまの日本は、その無限に起こりうる状況をすべて想定し（無理な話だが）、そのひとつひとつのケースについて、自衛隊がとるべき行動を、法令で具体的に定めていこうとしています。ですから、グレイゾーンだけとっても法令がどんどん増えていって、ともすれば肝心の現場指揮官が立ち往生しかねないというのが、自衛隊の現状です。部隊の編成や武器、国際情勢の変化に対応し、やがてグレイゾーンはミディアムグレイゾーンやチャコールグレイゾーン……など、さらに細分化を続ける。状況をカバーしようと「色」が増える度に法律も増殖していくのです。

渡邉　グレイゾーンなどは、その気になればいくらにでも細分化できます。そして細分化された数だけ、それに対応する法令の数も増えていく。最悪のイタチごっこです。いわゆる「平和産業」（警察や自衛隊以外の省庁を指す官僚用語）関連ならまだしも、自衛隊に関する法令がこれでは困ることくらい、ふつうに考えれば誰にでもわかります。

野口　だから私は、かねてから「逆に減らせ」と言っているんです。

中国公船が尖閣諸島周辺にやってくると、日本側では海保による通常の警察行動から、段階を追って自衛隊による海上警備行動、防衛出動といった対応をとっていきます。さて、いまこの時点では、どんな行動をとるべきか。この決定までにも数多くの法令が絡んでくるのですが、こと自衛隊については、海上警備行動や治安出動など警察行動に類する条文は削ってしまって、防衛出動に関する規定のみを残しておけば充分なのです。

防衛出動は自衛隊の「やるぞ！」の狼煙（のろし）。これだけあれば、ほかはいりません。

いまのままでいいはずがないのは、少し軍事に関心がある人なら誰にもわかっていますから、いろんな意見が出てきてはいます。たとえば、いまの「ポジティブリスト」体制を「ネガティブリスト」体制に変えたらどうかという提案（ポジティブリストは「とってもいい行動一覧」。ネガティブリストは「とってはいけない行動一覧」。ふつうの軍隊がもつのは最低限の禁止行動を定めたネガティブリストであり、逆に、このリストに規定された禁止行動以外ならどんな行動でもとれる)。私は賛成です。

ドイツも日本と同じポジティブリスト系なのですが、イザというときとるべき行動については、自衛隊よりもずいぶんわかりやすく決められています。もし外敵が領土に侵入してきたら、政治の命令がなくとも、ただちに国境まで、あるいは国境の外××キロまで押し返してのち、外敵と油断なく対峙しながら政治の命令を待て、といった具合です。とるべき行動が、あらかじめ具体的に決められているし、日本ほど法令が複雑に絡み合っているようなこともありません。

渡邉　ROE(ルール・オブ・エンゲージメント=交戦規定)ですね。

読者の参考までに、自衛隊のイラク・サマワ派遣(2003~09年)のさいの現地部隊に課されたROEは、

・口頭による警告
・銃口を向けての威嚇
・警告射撃
・危害射撃

でした。

野口　有事・平時・グレイゾーンでの際限ない法規制や、あるいはROEにしても、それを定めている人たちは、戦争拡大抑制行動のつもりのわけです。しかし、サマワ部隊のROEにしても、どこか現実離れしていますよね。いきなり危害射撃をしてくる確率が高そうな相手に対して、口頭での警告、銃口での威嚇、警告射撃と、律儀に3段階を踏む必要はないでしょう。少なくとも警告射撃などは、ケースバイケースで省いてもいいことにしておかないと、死ななくてもよかった自衛官が先に撃たれて殺されてしまった、なんてことにもなりかねません。こういうのが、間違った解釈をされているシビリアンコントロールの弊害です。

シビリアンコントロールは非軍人（政治）による軍隊の統制ですね。私は官僚など非軍事担当者による軍の指導は間違ったやり方だと思っています。軍人に任せておくと何かといえば戦いたがるという考えは、じつは逆なのです。民主国家の軍人は基本的に負ける戦は決してしない。負け戦をはじめるのは、軍事の実際を知らない文官たちのケースが多い。

挑発好きな中国も北朝鮮も一党独裁によるシビリアンコントロール体制です。最近のアメリカではネオコンが戦争を指導して、中東をいまのように収拾のつかない状況に陥らせてしまった。古くはベトナム戦争（1955〜75年）もそうです。泥沼にはまって動きがとれず、いたずらに長期化させてしまった、しかもあろうことか最強のはずのアメリカ軍が負けてしまったのは、戦争および戦闘の何たるかを知らない文民が作戦を政治的にアレンジした結果でした。

軍事に無知な日本人

渡邉　シビリアンコントロールは通常「文民統制」と訳しますが、野口さんのように軍の「政治統制」と考えたほうが実相に近いかもしれません。本来の意図とは逆に、軍人なら絶対にしない戦いを政治的な都合でやってしまうケースも、充分に考えられますからね。
　特に日本の政治家は、軍事や安全保障については無知な人がほとんどですし。

野口　軍事に対する無知は政治家だけとは限りません。官僚も、有識者も、日本特有の「9条信者」たちも、それからマスコミ界でさえ私みたいに安全保障畑を専門に歩いた記者は珍しいわけです。ですから、自衛官以外の日本人は、みんな軍事の素人といっても間違いではないと思います。そのうえ、現代戦は平時と有事の区別ができなくなっています。
　斑模様（まだら）といったらいいか、にわかに有事か否かを判別し難いケースも多く、とても素人の出る幕ではありません。たとえば〝鉄道事故〟があったとします。この〝鉄道事故〟は災害・事故によるものなのか、何者かが起こした事件なのかいたずらなのか、あるいはテロなのか、それも外国のテロリストや工作員なのか、国内の過激派なのか第一報だけでは判断できない場合がほとんどです。消防と警察でも災害や事件には対処できますが、大規模テロには自衛隊しか太刀打ちできません。ですから、原因不明の事案が発生した際の初動に消防、警察だけでなく自衛隊の偵察部隊を入れろ、と私はかねてより言っています。

自衛隊の戦闘を可能にする防衛出動の発令要件は、相手が「外国の組織だった軍事集団」のときですから、基本的に「国内の過激派」では出動できません。しかも、「外国の工作員や特殊作戦部隊」が名乗るはずもありません。本当にテロだったら、最高指揮官の総理が出てきて「必要な対処をせよ」と言わなければ被害は拡大の一途です。

渡邉　先ほどおっしゃった「自衛隊の指揮官は六法全書を片手に現場を指揮する」とか、あるいは「自衛隊の大砲の弾丸（たま）には法律名が書いてある」でしたか、これら野口さんの名言（笑）はまさに言いえて妙ですよ。サヨク野党や9条信者ら、自衛隊嫌いの人たちの監視下でつくったとしか思えない数々の法令は、自衛官たちが自らで考え、自らで判断して行動する機会をことごとく奪ってしまおうという意思で溢（あふ）れています。

野口　そう、あんな細部にまでわたる細々とした法令などは、いくら知っていてもいざというときに役にも立ちません。自衛隊を三十数年ずっと見てきたことで、知っているということだけなら、ほとんどの幹部自衛官よりも、しょせん戦闘行為では素人にすぎない私のほうがよく知っています。そんなことは自衛官としての能力にはいささかの関係もない。本来、自ら判断する力を付けさせるのが、軍人の教育なのです。そのために軍には階級というものがあります。連隊長は階級に応じてすべき判断をして上官の師団長に上げ、師団長も同じく自分の階級レベルの判断を上官の方面総監に、方面総監は陸上幕僚長に。そして今度は逆の流れで、陸上幕僚長が下した命令が、方面総監、師団長、連隊長、さらに大隊長、中隊長、小隊長……、とスムーズに伝達されるのが余裕のある状況での基本です。

しかし現代戦では、敵はまずこちらの目、耳（レーダー網や通信網）をつぶしてから攻めてきます。すると、味方同士で連絡を取り合えない状況になるため、ふだんから何事も自分で判断し、自分で決めて行動する習慣を身につけておく必要があります。軍人たる自衛官の心得としては基本中の基本です。

何も問題なかった稲田前防衛相の「日報問題」

野口　稲田前防衛相罷免のきっかけとなったサマワ派遣部隊の「日報問題」もしかり。現地に派遣されていた自衛官の日報に「戦闘」と書かれていたことに端を発して大騒ぎになりました。サヨク野党や9条信者たちに言わせれば、自衛隊は戦闘地域には駐屯できないはずだから、南スーダン派遣は明確な法令違反だということになり、安倍政権、マイナス1点！

しかしねえ、自衛隊が派遣された地域が実際に戦闘地域だったかどうかとは別に、現場にいる者にとっては毎日が戦闘だし、戦争だったのです。実感として、また、日本特有の法律上の用語ではなく一般用語として「戦闘」と書いたのがなぜ悪い。国際音痴のサヨク野党や9条信者たちに、彼ら自衛官を責める資格などありません。念のため言っておけば、当時は野党だった自民党は問題にもしませんでしたが、民主党の野田佳彦政権時代の南スーダン派遣部隊の日報にも、同じく「戦闘」と書かれていました。

渡邉　日報は公文書ではありません。公文書でもないものに反応するなよ、という話です。それが公文書でないなら、何が書かれていようがどうでもいいじゃないですか。

野口　しょせんサヨク野党の連中には、現場自衛官の心情は理解できっこありません。そのうえ困るのは、軍事情報をやたらに「公開」させたがることです。本来、日報は現場の事情を記した貴重な軍事情報ですからね。彼らサヨク野党の議員には、中国やロシア、北朝鮮、韓国あたりのスパイとしか思えないような人たちもたくさんいます。日報を国会にもち出せば、それらの国々に情報は筒抜けです。

日報を読めば、部隊の配置などがみんなわかってしまいます。これは隊員の命にかかわることであり、結果的に同盟国をも危険にさらすことにもなりかねません。サヨク野党や9条信者たちには、ここのところがまったくわかっていない。実際に軍事情報には公開できないものが多いのです。欧米などでは法によって、10年後に公開するとか、50年後まで封印するといった扱いをします。これが民主国家のやり方というものでしょう。

渡邉　そうですね。日本では、やはりどこかに軍部の暴走を恐れるといった気分があるのでしょうか、自衛隊を法令でがんじがらめに縛ってしまうことになった。二・二六事件ですとか、実際に大日本帝国軍隊の暴走というのはあるにはありましたが、言われるほど頻繁には暴走していませんよ（笑）。それならいまのリベラルなメディアや知識人のほうがよほど暴走している。

法律を増やす弊害

渡邉　それともうひとつ、法による「自衛隊縛り」とは別に、日本の法体系そのものの複雑さというのも問題のひとつだと思います。戦前の大陸法（欧州型。ローマ法が起源で条文重視）と、戦後の英米法（積み重ねた判例重視）とが入り組んでいて、なかなかすっきりと体系化できていないところがあります。それで何が困るかといえば、旧法の欠点を補おうとして、やはり新しい法令が次から次へと増殖していくわけです。

最近では2017年6月に成立し、すでに8月10日から発効しているテロ等準備罪。サヨク野党たちが必死の形相で反対した法律です。この法律は、内乱罪、外患誘致罪、破防法といった主に組織犯罪に対応する諸法令の流れのなかにあります。

ところが日本では、これら一連の法律が適用されるケースはほとんどありません。これにはいくつか理由があるのですが、そのひとつが、たとえば内乱罪ではいくら頑張っても懲役刑だけで、死刑判決が出せない。ほかの法律を適用したときに比べて、内乱罪では罰が軽すぎてソロバンが合わないのです。

また、外患誘致罪の適用は外国との共謀が前提。もっとも適用されて有罪なら例外なく死刑です。破防法も、なかなか適用条件が煩雑で、ほとんど役に立たない。地下鉄サリン事件まで起こしたオウム真理教にさえ、適用条件を満たしていないという理由で適用を見送らざるをえませんでした。いったいどんなレベルの破壊活動をすれば破防法が適用されるのか、参考までにぜひ聞かせてほしいくらいです。

野口　今度のテロ等準備罪も、適用条件の厳しさ、煩雑さにおいては、従来の破防法とさして変わりないと思いますよ。

渡邉　そうなんですよね。だったら、あんなに大騒ぎしてテロ等準備罪など通すことはなかったんですよ、バカバカしい。内乱罪をもっと柔軟に適用できるようにして、量刑を懲役5年以上、死刑までと改めればそれですむ話でした。いくら新しい法律をつくっても、適用できないのでは意味がありません。情状酌量がすぎるというか、平和ボケというか、オウム真理教のおかしした犯罪は、地下鉄サリン「事件」と呼んではいますが、実際は明らかなテロですからね。きちんと破防法で裁いてほしかったですね。

野口　いずれにしても、いまのままでは余分な法令が多すぎるという話ですよ。とはいえ、法に触れるわけにはいかない。ですから自衛隊では、防衛大学校や一般大学出身の特に優秀な人材たちが、ペーパーを書く仕事で丸抱え状態になっています。本来なら優秀なエリート自衛官にこそ、前線に配置して経験を積んでもらいたいのですが、彼らはみんな市谷本省にいます。運動不足のせいで、みんなこんなに腹が出てね（笑）、これ、どこか間違っていると思います。

こうした法令で縛りすぎるがゆえの弊害は、現場レベルでもとっくに出てきています。たしかに、法でがんじがらめにしておけば、自衛官の行動を限定できるかもしれません。しかし、何か起きたときにも、ここで出ていくと、何かの法令に触れるのではないかと心配して、ただ黙って様子見を決め込むような自衛官では、なんの役にも立ちません。そんなことなら、とりあえず行動を起こす自衛官のほうが、よっぽど国家国民のためになります。

指揮官クラスでも同様で、あとで問題となるのが嫌だからと、とりあえず何が起きても動かないで、ひたすら上からの命令を待つような傾向が出てきています。超緊急時であれば、とりあえず自分の部隊を「何時何分までにどこそこに行け」と動かしておいて、そのあとで自分たちはこれからどう動くべきか、上級部隊に指示を仰ぐ。緊急性にもよりますが、これが部隊指揮官として正しい行動なわけです。

政治が出動を命じても「法の裏づけがなく出られません」という逆パターンの「シビリアンコントロールの崩壊」は笑い話にもなりません。

渡邉　まあ、究極はですね、先ほど野口さんも少し触れたように、総理が戦争状態と判断して、非常事態宣言を出してくれればいいわけです。すると、すべての平時法制をストップできます。これで、総理から直接の命令を受けて、自衛隊は自在に動けるようになります。

野口　そのときの総理がどんな人かによって大きく違ってきますが、いまの安倍さんみたいな総理なら、そのやり方で充分に対応可能かもしれませんね。その意味からも、総理には必ず自衛隊の制服組の補佐官を付けて、日ごろから安全保障や軍事への関心と知識を深めてもらうようにしていただきたいものです。

サミットなどを見ていても、大統領なり首相なりトップの近くに軍人（武官）が付いていないのは日本くらいのものです。ドイツもフランスも必ず武官が付いています。常識外れは日本のほうなのです。アメリカ大統領には、〝核のボタン（実際にはビスケットと呼ばれるカード）〟が入った黒色のブリーフケースを常時携行する武官が付き従っています。ブリーフケースの正式名は「大統領緊急カバン」ですが、関係者の間では「核のフットボール」という通称で呼ばれています。

補佐官は、総理だけでなく、防衛大臣、そして官房長官にも付けたほうがいいでしょう。たとえ法で厳しく縛られてはいても、総理、防衛相、官房長官あたりに理解を得られていれば、そんな「法の呪縛（じゅばく）」は薄まります。日本のように、軍部の暴走を恐れるあまり軍を法で縛り付けてしまっている国でさえ、いざ有事となったとき、最後に頼れるのは法ではなく「人」なんですよ。

渡邉　そう、人ですね。不自由さをかこつ自衛隊の現状に、政府は何もしなかったわけではありません。たとえば各省庁の一本化です。日本は非常に官僚組織がしっかりしているため、これまで突然に政権が倒れるようなことがあっても、国家としての日本が崩壊することはありませんでした。毀誉褒貶（きよほうへん）はありますが、日本の官僚は、間違いなく世界一優秀です。

ただ、いわゆる「縦割り行政」の形になっているため、各省庁が協力し合って何かをすることが、これまではほとんどありませんでした。それこそ超有事、戦争事態にでもなったら、各省バラバラでは大いに困るのですが、この縦割りの壁は絶望的なまでに高かった。それが安倍政権になって初めて、各省庁が官邸を通じて一本化されました。各省庁を内閣直轄で動かせるようになったんです。これでたとえば、食品テロが起きたときには、警察でだめなら自衛隊が出ていけるし、必要なら農水省や厚労省といった当該省庁に何くれと協力させることができる。まさに、ようやくできたか、ですよ。これ、日本で初めての画期的な出来事なのですから、安倍総理はもっともっと賞賛されてしかるべきです。

何も報じないマスコミはもちろんのこと、これを快挙と思わない国民の感覚がおかしいと思いますよ。この感覚は、日本国民が戦争や大災害など、安全保障分野に総じて無頓着なのと同根のものです。北朝鮮がいくら核実験をおこない、繰り返しミサイルを発射していても、戦争を身近に感じられない。アニメの世界の出来事のように思っている。島国だからなのかもしれませんが、島国にもミサイルは届きます。

現実に、日本ではテロも何度か起きているのです。繰り返しますが、オウム真理教による地下鉄サリン事件。あれは「事件」と呼んでいますが、明らかな「テロ」ですからね。日本お政府はテロと発表しないといけないし、マスコミもテロと報じないといけません。日本および日本人はお気楽すぎます。この夏に首都圏のＪＲ施設で、何カ所かが「同時」に「連続」して原因不明の火災を起こしたときもそうです。国際常識では、こういうとき真っ先にテロを疑います。

しかし日本では、あのＪＲの火災をテロだと指摘した人は皆無でした。

野口　テロが身近に感じられるように、災害時医療の「トリアージ」なども知っておくといいでしょう。トリアージドクターは、患者の重症度に基づいて治療の優先順位を決めます。もう命が助からない人、いま緊急処置をすれば命が助かる人、重症だがすぐには死なない人、重症とまではいえない人、命に別状がない人、等々と、テロや災害で被害を受けた人たちを選別していきます。そして、身動きできないで転がっている被害者に、赤いタグ、黄色のタグ、黒いタグなどを付けて、決められた順番で治療していく。

非情なようですが、１００％助からないと判断した人は放置します。痛みに耐えかねて泣き叫んでいる人でも、まだ命に別状ないと判断すれば治療は後回しです。軽傷の人は、現場が落ち着くまでは自分の治療はしてもらえないと覚悟する必要があります。平時の感覚でトリアージの現場を見たら、人道的見地、人権問題の観点からは問題行動が山積かもしれません。しかし、トリアージの態勢をとってこそ、もっとも多くの命が救えるんです。

日本では、近年になってようやく民間が採用しました。それでも一歩前進です。地下鉄サリン事件のときには、まだトリアージなど知識として知っている人さえほとんどいませんでした。サリンのような化学兵器は「貧者の兵器」と呼ばれています。核兵器などに比べると、タダみたいに低予算でつくれてしまう。貧乏な北朝鮮が、いまのように核兵器を手にする前までは、あらゆる化学兵器を開発・試用していただろうことは容易に推測できます。

あのときのサリンには、専門家であるはずの救急医ですら右往左往しました。最初は撒かれたのがサリンかどうかさえ、なかなかわからなかった、というよりもサリンかと疑っても断定できなかった。解毒剤には何が有効かなど、テロに対する備えがまったくできていなかったというほかありません。もちろん、自衛隊では化学兵器対策に対応する研究を続けてきていました。しかし、化学兵器によるテロの「実戦」は、あの地下鉄サリン事件が最初だったわけです。

渡邉　じつに不幸な出来事でしたけど、地下鉄サリン事件以降は日本も少しずつですけど、有事への備えを整備しようとする動きが見られるようになりました。たとえばスーパーレスキューの創設。地下鉄サリン事件以降に、消防と警察のレスキューに自衛隊が参加できるようにしました。反自衛隊の抵抗勢力は相変わらず口やかましいですが、日本はせっかく優秀な自衛隊を保持しているのですから、これを大いに活用すればいいのです。自衛隊がやることは全部悪と決め付けている狂信的な人たち、これはある意味で重度の平和ボケだと思うのですが、彼らにはそろそろいい加減にしてもらわないといけません。

日本人が知らない軍法がないという大問題

野口　ここまで話してきた自衛隊の現状、そして混乱のすべては「軍法」がないゆえともいえます。軍事裁判所がないのも、自衛隊関連の法令がいたずらに増殖する理由の1つです。自衛隊は軍隊だ。だから軍法を定める必要がある。実際に自衛隊は軍なのですから、公に「自衛隊は軍である」と認めてしまう。憲法改正とも絡みますがそうすると、じつにスッキリしますよ。

たとえば、派遣先の国で自衛隊員が民間人を誤って殺してしまった。すると、イラクのサマワに先発派遣されたのは北海道・旭川の部隊ですから、この「事件」は旭川の地方裁判所が担うことになります。旭川地裁は、当然ながら平時の裁判所です。被告になった自衛隊員を、どんな罪状に問うかといえば「業務上過失致死罪」あたりでしょうか。

ただし、平時と有事では、まったく「常識」が違うのです。軍法があって、自衛隊の行動については軍事裁判所が扱うという形になっていれば被害を受けた相手国も、国際社会も、被告は日本の軍法で裁かれた、と納得します（外国での自衛隊の裁判権は、国家間で定められた地位協定によって各国で異なる）。

渡邉　国民の生命、財産を守るためにどう法を整備するか、と考えるのが順番なのに、どうもいまのところ、日本の場合は「初めに法ありき」になってしまっています。そもそもの話で、憲法と自衛隊の関係について言えば、これ、関係ないわけです。最高裁判所の判断がすでに出ています。最高裁は「国家の存続にかかわる事案に裁判所は口を出せない」旨の見解を公に示しました。自衛隊はそもそも憲法に属していないのです。

ですから、集団的自衛権を憲法に照らして論議したこと自体が間違いだったことになります。日本の上空を通過する北朝鮮のミサイルに対し、破壊措置命令を出すことの是非を問うなどは、あんまりにバカバカしい話で国際社会のいい笑いものです。

野口　破壊措置命令など出ていなくても、遠慮なく撃ち落とすのは、これはもう自衛権の発動で日本国内以外のどこからも批判は出ません。明らかに最高裁判所がいう「国家の存続にかかわる事案」ですから、結果として日本国内でもなんの問題もない、となるはずです。

これは本来、少しも難しい話ではありません。街を歩いている若者たち、家庭の主婦、小学生でも高学年ならわかっています。自衛隊は「日本の領土、領空、領海を守り、災害でも出動して命を守ってくれる組織」なのです。これがサヨク野党や9条信者のように、狂信的イデオロギーに汚染されると、現実離れしたとんでもない意見に変わってしまう。

北朝鮮のミサイルについて、いまの政府は恒常的に破壊措置命令を出していますが、これも安倍政権でなかったらいたずらに躊躇していたかもしれません。事実として戦後の歴代政権は、こと軍事、安全保障の問題では、ずっと躊躇、躊躇で思考停止してきましたから。

まあ、破壊措置命令が出ていようがいまいが、とにかく領土、領空に侵入したミサイルなどはただちに撃ち落とす。間違って日本に落ちたら困るから撃ち落とす。落ちる確率が何パーセントだから撃ち落とす、という話ではないのです。とにかく、落下する前に撃ち落とす。この行動に「政治判断」などいりません。腹をくくればいいだけの話です。

渡邉　日本人の場合は、過去が簡単にリセットされません。過去から現在、未来を通じて一貫性のある行き方を求めてしまう。完璧を求めすぎるんです。これは、どう考えても無理でしょう。無理な話なのに、役にも立たない理想論がまかり通って、自衛隊の無力化を進める輩に一定の支持が集まる。言ってみれば、中国と韓国はこの日本人の性格に付け込んで、戦後いままでずっと、理不尽とも思える要求を日本に突きつけ続けてきた、とも分析できるんじゃないですかね。

難民収容施設は北方四島につくればいい

渡邉　野口さんが先に触れた、日本は「法匪国家」というのも、これまた言い得て妙。中国や韓国は特に、そして欧米諸国もそうですが、彼らは人道、人権、法治といった言葉を頻発します。しかし、中国や韓国にまともな法治などないし、欧米諸国にしても日本ほどには法を遵守する努力をしません。

たとえば、小笠原沖でとれる貴重な赤珊瑚めざして、中国漁船が大挙して密漁に押しかけてきたとき。あの中国漁船に乗っていた漁民は、果たして本当に一般人だったのか、漁民を装った軍人ではなかったのか、いまでも疑問として残ります。漁民を装った軍人とは、すなわち中国得意の「便衣兵」です。きっと私ならずとも、あれは便衣兵だった、と思う人が大多数でしょう。

もちろん、便衣兵は国際条約で禁止されています。しかし、中国などはやりたい放題だし、ほかの国も怪しいもので、禁止条項として律儀に守る国は日本くらいのものです。

野口　多くの中国漁民は退役軍人が漁民に訓練を施した「海上民兵」です。軍に協力すると補助金が出ます。補助金だけでなく、漁民用の武器も軍服も用意されています。優秀な海上民兵や任務により漁船用に比べはるかに高性能のレーダーやＧＰＳも支給されます。

渡邉　中国人は基本的にみな軍人です。なぜなら、中国には「国家総動員法」があります。これが発令されたら即、中国人はみな軍人になる。そういう法を、中国が国際法を無視してつくったんです。法を尊ぶなら、ここで中国を批判しないといけません。

たとえば、いまの日本には大勢の敵国スパイが当たり前に生活している。日本にはスパイ防止法はないが、在留の中国人はみな捕まえることにした。それが嫌なら中国は国家総動員法をいますぐやめなさい——と、こう求めていくのが筋なのですが、ふだん法の遵守にひどくうるさい人たちも、中国に対しては何も言おうとしませんね。

野口　便衣兵、これは恐ろしいことでね。朝鮮半島が戦争になると、遠からず北朝鮮の偽装難民（工作員）が38度線を越えて日本にもやってきます。北の敗残兵が、民間人を殺して服を奪って、難民の群れに紛れ込む。これもう、ごく当たり前に想定できることです。

難民がやってきてしまったら、とりあえずは受け入れるしかありません。ただし、無条件で受け入れるのは、あまりに危険です。日本にやってきた難民に対しては、どこかに無人島を確保しておいて、いったん全員を収容してチェックするしかないでしょう。日本には、数々の大災害のあとに活躍した仮設住宅がたくさんありますから、大いに利用すればいいんです。オーストラリアでは現に、島に施設を建てて難民を収容し「身体検査」をしています。

渡邉　難民収容施設は、北方四島につくればいいんです。収容棟は日本の仮設住宅でいいとして、難民チェックは国際協調の一環としてロシアに頼む。もちろん予算は日本が出します。

野口　スパイチェックとか、日本人と違って彼らはじつに得意ですからね。

渡邉　そのチェックに合格した者のみ、日本への入国を許可する。

野口　その体制が実現したら、中国や北朝鮮による領海侵犯などは、それこそ激減するでしょうね。彼らはロシアの怖さをよく知っています。元KGBの人とかに、本当に漁民なのか、それともスパイなのか、厳しくチェックしてもらう。その道のプロにもてる技能を充分に活かしてもらい、日本としては高給で報いるという、これは新しい日露経済協力の形です（笑）。

もっとも、日本の治安を乱すべく、故意に偽装難民やスパイを見逃す可能性も大で、この手当ては必要です。

じつはカンタンな日本の核武装論議

渡邉　本書の最後に半島危機に際し、そのとき日本がどうすればいいか議論をしたいと思います。海上自衛隊は10月11日、米原子力空母ロナルド・レーガンと沖縄周辺で共同訓練を実施したと発表しました。

いったん南シナ海に展開していたロナルド・レーガンを再び日本海へ向かわせ、韓国軍と合同訓練を行うとのことです。同時にアメリカは、戦略爆撃機B-1を朝鮮半島に派遣し、航空自衛隊のF15戦闘機と共同訓練を行ったあと、韓国空軍とも訓練を実施し、北朝鮮への軍事圧力を強めている。

アメリカは朝鮮半島と南シナ海を両睨み（りょうにら）みに軍事展開をしているわけです。いまは北朝鮮の陰に隠れていますが、中国の脅威も日本国民は忘れてはなりません。10月22日の解散総選挙の結果がまだ出てはいませんが、安倍自民党が大きく負けなければ、憲法改正が視野に入ってくる。すでに参議院では与党で3分の2の議席を確保しています。しかし改憲もさることながら、目前にある北朝鮮の核の脅威に対峙（たいじ）しなければならない。

野口さんは日本の核武装に対してはどのようなご見解でしょうか？

野口　私がいつも主張していることですが、核武装論議のポイントはじつはものすごくカンタンです。要は、国益です。NPT（核兵器不拡散条約）体制から脱却してまで核保有をするのか、しないのか。国益になれば核保有するし、国益にならなければ保有しなければいいし、それだけの話。

もし保有するとしたらさまざまなケースがある。自らつくってもつのか。もちろんその場合は膨大なお金がかかります。軍事衛星から、情報機関までつくらなければなりません。そういう資金力は確保できるのか。もうひとつは、NATO（北大西洋条約機構）型の核シェアリングをして、核を貸してもらって、自らの責任によって撃つか。

それから、非核三原則を二原則にするか、一原則にするか、ゼロ原則にするか。いまは四原則ですからね。要するに議論もできない。

現在、アメリカ海軍の艦艇が核兵器を積んで航行できるようにと、主要海峡の真ん中は公海になっています。だから公海を「無害通航」を建前に中国の情報収集艦が頻繁に航行するわけですが、恒常的に軍事情勢を集める情報収集艦というのは絶えず「有害通航」なのです。したがって、中国の船を締め出すには全部領海にして、主権を行使しなければいけない。同時に、日本の領海を核をもったアメリカの艦艇が堂々と通過できるような体制にしていかなければならない――そこも検討すればいい。

ただし最長で1年ぐらいで核武装できるような体制、すなわち原発を残し、その研究も続け、いつでも核をもてる体制にしておくというのが抑止力ですから、その準備だけは絶えずしておかなきゃいけないのに、いまは議論もしちゃいけないような状況になってしまっている。つまり、知的怠慢であり思考停止なんですよ。

渡邉　非核三原則は単なる閣議決定なので、全閣僚のサインをもらえば覆る。極端にいえば、総理は閣僚を罷免できるし、閣僚の代行行為もできますから、総理1人が決心すれば片づく。これは5秒もかからない。文書をつくっておいて、署名するだけ。それだけの話なので、別に非核三原則について騒ぐ必要もないのです。

また、中国が主導している「核廃絶条約」に被爆国の日本が賛成しなかったと、共産党をはじめとするサヨク連中が批判しました。完全に意図されたミスリードです。物事の本質は、北朝鮮がNPT（核不拡散条約）体制に入っているかどうか、のはずです。この核廃絶条約は中国のマッチポンプにすぎず、わが中国の核はいいが、他の国は核をもってはいけない、という条約にほかなりません。じつに中国らしいジコチューぶりです。

一方でNPT体制は「大国で一定の判断力をもつ国だけが核をもち、非核国はアジアならアメリカ、ヨーロッパならNATOなどの核の傘の下に入って安定する」というもの。このNPT体制に北朝鮮を入れてもいいのか。いいわけがありません。

共産党の政府批判が当たらないのは一目瞭然。しかし問題はむしろ、共産党のミスリードを「誤りだ」と指摘する人すらいないことです。

自国が核を廃絶しないのに、ほかの国に核をもたせないということは、これＮＰＴ体制が壊れるということになる。

いわゆる相互確証破壊によるＮＰＴ、大国で一定の判断力があると思われる国だけが核をもち、それ以外の国に核をもたせず、同時にアメリカなどの大国が、同盟などにより核の傘に入れる。西側の国々はＮＡＴＯの核の傘に入るということによって、安定した力のバランスをつくっているというのがＮＰＴ体制で、このＮＰＴ体制に北朝鮮を入れていいのかどうかという話がいまの議論であって、それに対して日本は、核廃絶の条約にこの前批准しなかったじゃないかなんていうわけのわからないことを言って、それがミスリードで、明らかに３つある派閥のうちのひとつの思惑で、「中国が主導している、他国を無力化するための単なる罠だよ」という真実を誰も言わないという、ここに間違いがあるわけです。このこと自体を説明できる評論家すら、現在の日本にはいないのです。だから、まるで日本が悪いかのように報じられているのです。

金正恩体制が崩壊しても悲惨な朝鮮半島

渡邉 野口さんが書かれていることですが、アメリカの攻撃というのは、基本的に新月の夜に行われます。真っ暗なので、赤外線兵器やレーダーをもつアメリカからは丸見えなんですよ。ところが、北朝鮮はそれだけの兵器をもっていませんから、どこから攻撃されているかわからない。アメリカ側の兵力的な損失がほとんど出ない。湾岸戦争のときも新月の日でした。

野口 11月18日が新月です。それから12月18日。安全保障関係者は、新月の日はテイクノートしておかないとだめなんですよ。

渡邉 結局、北朝鮮の金正恩体制を壊して、斬首(ざんしゅ)作戦をやったあと、どうするか、というのが問題です。そこで金漢率(キム・ハンソル)の身柄をアメリカ軍が押さえているのではないか、といわれています。

北朝鮮という国家を統治することを考えると、いわゆる「金王朝」という王朝体制で国民は、「将軍様」という洗脳をみんな受けていますから、アメリカは、正統な後継者が立てば、第二次世界大戦後のGHQによる日本統治のようにできるのではないかと見ているわけです。

ですから、金漢率を確保し、金漢率に正統な後継者として国をもたせる。しかし、その場合は、中国・ロシアからすると、北朝鮮がアメリカの傀儡政権となる。ここに、中国とロシアが嫌がる最大の要素があります。ただアメリカとしては、傀儡政権をつくる必要もなく、正直なところ、北朝鮮もいらないと思うんです。

大して資源も出ないですし。あるとはいっていますけれど、それも、本当にそこまでリスクを冒して必要な資源であれば、もうすでにとっていますよ。それに北朝鮮の2500万人を天秤にかけて、それ以上に価値ある資源であれば、ロシアや中国がもうとっくにとっている。とっていないということは、それだけの価値がないということなんです。緩衝地帯でしかない。ただ緩衝地帯なら無人がいちばんいい。

野口　いま、渡邉さんがおっしゃったのは、アメリカがある期間、正男の息子を立てて、暫定統治するということでしょう。それも選択肢としてはあります。同時に米中が水面下で取引し、鴨緑江から南へ数十キロの核関連施設を含む中国国境に近い一帯を、中国が緩衝地帯として暫定統治。残りをアメリカを後ろ楯とする「金漢率政権」が治める、というやり方もありえる。ただし、その場合、アメリカは非常な困難が伴うことを覚悟しなければなりません。実際、アメリカには痛い経験があります。

大東亜戦争の終戦後、アメリカは朝鮮半島を統治しようとしましたが、タイムラグがあるから、日本にしばらく残って統治してくれ、と頼み込んだ。軍隊も、警察官も、武装解除しなくていいからと。

なぜなら、当の朝鮮が（1）統治能力欠如（2）度し難い自己主張や激高しやすい民族性（3）偏狭な民族主義や共産主義の跋扈（ばっこ）……などの理由から統治能力がまったくなかったからです。

朝鮮が勝手に〝独立宣言〟した直後、日章旗をおろして、朝鮮の旗を掲げました。するとアメリカのほうから、もう一度日章旗をあげろ、と言ってきた。アメリカは日章旗掲揚により朝鮮＝日本だと公認。自らの軍政に正当性をもたせた。日本に併合されていた朝鮮が別国家だと、アメリカが朝鮮を「解放」したことになり、解放後は統治を朝鮮にまかせなければならない過程が生じる。これを嫌ったアメリカは終戦直後、米軍上陸前の統治継続を総督府に密命したのです。

実際、1945年秋、30もの朝鮮人軍閥が警察署や新聞社、工場、商店を勝手に接収。米軍は武装解除を強制しましたが、効果は限られた。禁じたはずの政党や政治結社も200近くにのぼり、指導者は内部抗争を繰り返し暗殺テロが横行した。

ところが、半島で統一国家建設をたくらむ旧ソ連が南下する兆しを見せたので、前倒しで独立させざるをえなかった。したがって、朝鮮は日本に勝って独立したのではない、棚ぼた式にすぎなかったのです。

日本は朝鮮を欧米流の植民地にしたのではありません。併合したから日本だったわけです。そういう歴史を踏まえると、金正恩政権を滅ぼしたあと、朝鮮人を統合するというのは、一筋縄ではいかないことがわかります。アメリカは、歴史をもう一度おさらいしたほうがいい。

渡邉　韓国はうまくいかないんだけれど、北朝鮮は抑圧された歴史があるので、コントロールはしやすいかもしれません。それと、アメリカ人のなかで、もっとも韓国人の実態を知っているのは、じつはアメリカ海兵隊です。なぜかというと、前にも述べたように在韓米軍で勤務した人たちは、もう嫌になるほど知っているわけです。トランプ大統領が知らなかっただけです。したがって、トランプは韓国のひどさに驚いて、日本に頼っているのでしょう。安倍首相を信頼して非常にいい関係を築いています。それだけが救いといえば救い。

やはり日米安保を強化して、そこにイギリスをはじめとしたヨーロッパ、インドをはじめとした東南アジア・南アジアとの連携をとっていくしかないでしょう。そして何より日本人が真に「平和」に目覚める必要があるのだと思います。

あとがき

いまこそ「日本国？ KENPOH」を改正せよ

第1次世界大戦終結から第2次世界大戦勃発まで、つまり、1919〜1939年までの時代は《戦間期》と位置付けられた。大東亜戦争より73年目を迎えたわが国も、戦争と戦争の間に生きる戦間期に置かれていると断じても差しつかえあるまい。けれども、この現実を、日本国民のどれほどが自覚しているだろうか。想像するだに恐ろしい。

記録に残る人類の歴史5000年で主要な戦争は1万4000回以上／死者50億人以上／過去3400年のうち、平和な時代は250年にすぎない。

人類は束の間の平和と平和の間を生きているのだ。

戦争は古の出来事ではない。

国家間紛争を挙げてみれば、帝国主義時代から第2次世界大戦終了（1870〜1945年）までは435回／冷戦期間（1946〜90年）では500回を数えている。かくして、20世紀の100年間に限定しても1億6000万人が殺された。

冷戦後の国家間紛争も発展途上国に限らない。アメリカ／イギリス／フランスは驚くに値しない。が、デンマーク／ベルギー／オーストラリア／オランダ／カナダ／イタリア／スペイン／ドイツ……などを並べると、日本人の多くが意外に感じるだろう。

しかし、北朝鮮の核・ミサイル開発や中国人民解放軍の東シナ海&南シナ海での軍事膨張と挑発は激烈化し、間もなく日本の戦間期は終わりを告げるに違いない。

《まえがき》で、本書における対談の相手をしていただいた渡邉哲也氏が4世紀頃のローマ帝国の軍事学者ウェゲティウスの格言を引いていたが、小欄もひとつ残しておく。ウェゲティウスはこうも諭している。

「危急の際に要することは、平和な時代から継続的に成すべきである」

今の日本人は、この種の思考回路をほとんどもたない。代わりに、以下のごとく考える。否、以下のごとく信じたがる。

「危急の秋は起こらない。従って平和な時代は未来永劫継続するのである」

断っておくが、日本国民は「平和」が好きなのではない。「平和という言葉」

に自己陶酔したいだけだ。自己陶酔すれば、「起きてはならぬ事態」「起きてほしくない事態」は「起きない事態」なのだと思考停止できるためだ。現実逃避すべく、ウイスキーをあおるアルコール依存症患者にも似る。

では、日本国民、とりわけサヨクにとってのウイスキーとは何か？　と問われれば「日本国憲法」と即答する。

ところが、名は体を表してはいない。

憲法への学識を持たぬアメリカ人が、あちらこちらの歴史文書を切り取ってわずか9日で継ぎ接ぎした、出自の卑しいシロモノで、「日本国？・KENPOH」の表記がお似合いだ。

奇妙なことに、反米であるはずのサヨクはアメリカ製「日本国？・KENPOH」を「平和憲法」などと、恥ずかしげもなくもち上げる。しかも、「平和憲法」が「戦後平和主義」を維持したなどと妄想に耽る姿は、もはや安全保障上の〝超常現象〟と呼べる。

わが国が異例の長さの戦間期に安住を許されたのは「日本国？・KENPOH」のお陰ではない。自衛隊が「前半生」では蔑まれながらも、たゆまず築いてきた戦力と、自衛隊の実力を認めるが故に、途切れることなく、むしろ強化されてきた日米同盟の結実だ。

戦う意志を去勢した「日本国？・ＫＥＮＰＯＨ」なる危険因子が跋扈してなお、わが国が侵略や滅亡を免れた背景を日米同盟が構築する抑止力以外に求めるとすれば、冷戦構造といった国内外の情勢が日本に次々に〝味方〟しただけの単なる「僥倖の連続」だったとの無様な実体に帰着する。

もっとも、「僥倖の連続」だったと振り返ることのできない日本国民もおられる。たとえば、北朝鮮に拉致された無辜の人々と、愛する娘や姉を奪われた拉致被害者の家族。サヨクは人道主義者を気取る割に、拉致被害者奪還への声が小さい。

一方で、「青少年の自殺」などには大きな社会問題として熱心に取り組む。政治・行政が解決すべき重い課題だとする認識に異論はない。

他方、「国家の自殺」には無関心だ。

サヨクは結果的に、「日本国？・ＫＥＮＰＯＨさえ護れれば、死んでもいい」「日本国？・ＫＥＮＰＯＨさえ護れれば、日本国は滅んでもいい」と語っているに等しい。

「健康であれば死んでも良い」式の狂信的かつ滑稽な「教養」を、「思想」だと勘違いをしている辺りは哀れだ。

だが、哀れんでいる余裕は現下の日本にあろう道理もない。「日本国?KENPOH」を「日本国憲法」に改正し、「戦争ができる国」にしない限り、抑止力は強化されず、わが国は「日本国?KENPOH」との「無理心中」を強いられてしまう。

「戦争ができる国にする」との主張に、のけ反(ぞ)るサヨクの姿が目に浮かぶが、「戦争をする国にする」とは言っていない。ただ、サヨクのみならず「戦争ができる国」と「戦争をする国」の差異を理解できない安全保障観の欠如は、おびただしい数の日本国民に共通する。

国家の主権や国民の生命と財産を侵される国難に直面したとき、国家は、国民は、敵と戦わなければいけない。

かくなる「正しい戦争」は存在する。「良い戦争」などありえぬが、「正しい戦争」は存在する。この差異がわからない日本国民もまた、すさまじい数に上る。

祖国は大東亜戦争後、最大の国難を迎えた。戦う覚悟が問われている。

だのに、日本国民は目覚めない。目覚めを封じ込めている正体は明らかだ。日本国民に憑依(ひょうい)して離れぬ「戦後平和主義」を騙(かた)る亡霊の仕業だ。亡霊どもは〝不磨の大典〟などと祭り上げ、削ってこなかった「日本国?KENPOH」を住み処（すみか）とし、日本国民を安全保障上の金縛りにしようと出没する。
「日本国?・KENPOH」を亡霊ごと成仏させねば、日本国民は正気を取り戻せない。

野口　裕之

●著者略歴
野口裕之（のぐち・ひろゆき）
産経新聞政治部専門委員＝安全保障コラムニスト
昭和33年、東京都港区生れ。慶應義塾大学並びに米エルマイラ大学卒業。
外信部で国際軍事問題を担当した後、政治部に移り防衛庁、外務省の各キャップ、防衛・外務統合キャップ、政治部次長兼首相官邸キャップなどを務めた。
その間の平成10年８月、北朝鮮の弾道ミサイル「テポドン１号」が日本列島を越える10日前に「発射準備」をスクープ、日本新聞協会賞を受賞した。その後、ロンドン支局長、政治部編集委員、九州総局長兼西部本部副本部長などを歴任。産経新聞のニュースサイト「産経ニュース」で平成18年11月から大型安全保障コラム【野口裕之の軍事情勢】を長期連載中（毎週月曜日）
主な著書に「野口裕之の安全保障読本」（PHP研究所）の他、「イラク自衛隊の真実」「武士道の国から来た自衛隊」「戦後史開封」（いずれも扶桑社）など。

渡邉哲也（わたなべ・てつや）
作家・経済評論家
昭和44年生まれ。日本大学経営法学科卒業。貿易会社に勤務した後、独立。複数の企業運営に携わる。
インターネット上での欧米経済、アジア経済などの評論が話題となり、平成21年に出版した『本当にヤバい！ 欧州経済』（彩図社）がベストセラーとなる。
内外の経済・政治情勢のリサーチ分析に定評があり、様々な政策立案の支援から、雑誌の企画・監修まで幅広く活動を行う。
著書に『沖縄を本当に愛してくれるのなら県民にエサを与えないでください』『世界同時非常事態宣言』『トランプ！』『世界大地殻変動でどうなる日本経済』『余命半年の中国経済』（以上、ビジネス社）、『決裂する世界で始まる金融制裁戦争』『米中開戦 躍進する日本』（徳間書店）、『メディアの敗北』（ワック）、『あと５年で銀行は半分以下になる』（PHP研究所）など多数がある。

ヤバすぎて笑うしかない狂人理論（マッドマン・セオリー）が世界を終らせる

2017年11月11日　　第１刷発行

著　者　野口裕之　渡邉哲也
発行者　唐津　隆
発行所　株式会社ビジネス社
〒162-0805 東京都新宿区矢来町114番地
神楽坂高橋ビル５階
電話 03(5227)1602　FAX 03(5227)1603
http://www.business-sha.co.jp

カバー印刷・本文印刷・製本/半七写真印刷工業株式会社
〈カバーデザイン〉坂本泰宏　〈本文DTP〉茂呂田剛(エムアンドケイ)
〈編集協力〉髙山宗東
〈編集担当〉佐藤春生　〈営業担当〉山口健志

ISBN978-4-8284-1988-6